I0756845

ANÉCDOTAS SOBRE LIBROS

Enrique Gallud Jardiel

ANÉCDOTAS SOBRE LIBROS

LITERATURA SIN LIBROS

Los libros, tal y como los conocemos –bien en pergaminos, hojas encuadernadas, rollos, etc.–, no han sido siempre necesarios para la transmisión de la cultura, ni siquiera de obras poéticas o de ficción. Los pueblos arios, que se desplazaron hacia la llanura indogangética en sucesivas oleadas aproximadamente hace 4000 años, crearon una magnífica literatura sacra y científica y la mantuvieron durante milenios sin recurrir a la escritura, sino mediante procedimientos mnemotécnicos muy avanzados que les permitían recordar los textos enteros y transmitirlos oralmente a la perfección a las generaciones más jóvenes.

LA ACTUALIZACIÓN PROBLEMÁTICA

Cualquier libro científico o basado en datos concretos corre el riesgo de quedar anacrónico de la noche a la mañana. El *Liber chronicarum*, conocido como la *Crónica de Nuremberg* –un famoso conato de enciclopedia de la historia europca cn trcs volúmenes, publicada en 1493 y redactada por Hartman Schedel (1440-1514)–, fue considerada la obra de esta clase más «completa» de su tiempo. Paradójicamente no mencionaba ni una sola palabra sobre el viaje de Cristóbal Colón ni sobre el descubrimiento del Nuevo Mundo.

EL TEXTO MUDO

Sócrates (¿469?-399), uno de los más grandes filósofos de la antigüedad e iniciador de una importantísima tradición erudita, fue un defensor a ultranza de la palabra hablada como medio de impartir enseñanzas. Sentía repugnancia ante el concepto del libro escrito y lo consideraba como uno de los recursos fáciles y poco aconsejables con los que enseñaban los sofistas. Llegó a comparar a los libros con algunos políticos, que dan un mensaje pero que no son capaces de improvisar ni mucho menos de responder a preguntas, por lo que era únicamente un mal sustituto del profesor. Añadió que la práctica de escribir discursos o lecciones impulsaba a la imitación servil e incluso al plagio, desarrollándose la funesta costumbre de encargar a escritores de profesión los textos que se iban a emplear en las clases.

CAMPAÑAS PUBLICITARIAS EN ROMA

Las presentaciones de libros y hasta las giras para su promoción no son un invento moderno, en contra de lo que pudiera creerse. Durante la época del Imperio Romano los editores colocaban en las puertas de sus tiendas unas curiosas listas con los títulos de los libros que poseían en el interior, con detalladas reseñas bibliográficas de su contenido. En los mismos establecimientos se organizaban tertulias sobre las novedades y recitaciones o lecturas públicas hechas por el propio autor, para conseguir así dar a conocer los nuevos libros y aumentar las ventas.

LA INVENCIÓN DE LAS MINÚSCULAS

La forma de escritura que impera en los libros y en los manuscritos y que utilizamos habitualmente cuando escribimos es producto de la dejadez y la vagancia de los copistas medievales en los monasterios durante la Edad Media. Allí descubrieron que uniendo los caracteres –y consecuentemente no levantando la pluma del papel– se conseguía mayor velocidad en la escritura. Además, las letras minúsculas eran de menor tamaño y necesitaban menos movimiento de la mano para su trazo, lo que reducía el cansancio del amanuense. De esta forma, las letras comenzaron a deformarse y a simplificarse, produciendo lo que hoy consideramos como minúsculas. Para evitar confusión se comenzó a separar en el papel una palabra de otra, cosa que no se hacía en tiempos más antiguos.

EL PLAGIO DE LOS ENCICLOPEDISTAS

La famosa *Encyclopédie, ou dictionnaire raisonné des sciences, des arts et des métiers*, elaborada por Denis Diderot (1713-1784) y Jean le Rond d'Alembert (1717-1783), cuyo primer volumen apareció en 1751 y cuya influencia fue tal que dio su nombre a todo un siglo, no es la primera en su género, como habitualmente se ha llegado a pensar. La idea y la estructura estaban basadas en la *Cyclopedia or An Universal Dictionary of Arts and Sciences*, del inglés Ephraim Chambers (1680-1746), publicada en Londres en 1728 con gran éxito.

EDICIONES DE BOLSILLO

Nada más habitual en nuestros tiempos que el libro de bolsillo, un concepto práctico y económico cuyas ventajas apreciamos todos. Empero, no es una idea en absoluto actual. En el siglo II los romanos tenían unos pequeños libros denominado 'pugilares', en forma de códice, que se podían sujetar perfectamente con la mano y llevar desde un lugar a otro. En los siglos XVI y XVII los libros manejables de pequeño tamaño que podían llevarse en los viajes fueron uno de los mejores negocios editoriales y de los más preciados regalos que podían hacerse.

UNA PROFECÍA ERRÓNEA

El teórico Karl Marx (1818-1883) sentó las bases para un sistema político futuro. Curiosamente, estaba plenamente convencido de que la influencia de sus obras *Manifest der Kommunistischen Partei* [Manifiesto del Partido comunista] y *Das Kapital* [El capital], que explicaban su teoría económica y su interpretación materialista de la historia, se haría notar mucho más en las naciones avanzadas de Occidente. Consideraba que Rusia sería el país en donde sus libros tendrían el menor impacto sobre la sociedad.

UN LIBRO PESADO

Uno de los primeros «libros» de derecho que se conocen en la historia de la humanidad tiene su origen en Mesopotamia. Se trata del código de Hammurabi (s. XII a. de C.). Su primera «edición» consta de un único ejemplar, muy pesado y muy poco manejable, puesto que se trata de un texto escrito en una columna de diorita. Esta noción puede parecer primitiva. Sin embargo, durante uno de los períodos de máxima tensión de la Guerra Fría, ante la posibilidad de una hecatombe mundial, se llegó a considerar la necesidad de grabar en acero algunas de las obras literarias más importantes de la humanidad, para asegurar su conservación.

LA ESCRITURA PECAMINOSA

En el siglo XII muy pocas personas sabían escribir: el pueblo llano era prácticamente analfabeto y muchos nobles casi no podían firmar con su nombre. En esta situación, se consideraba que tener la capacidad de redactar un libro podía conducir al pecado de soberbia. La actividad científica más importante que se emprendía consistía en traducir los libros que habían legado los autores de la antigüedad. Cuando la Iglesia permitió que sus monjes compusieran obras literarias —exclusivamente de tipo religioso y moralizante— obligó a sus autores a dejarlas inéditas y a redactarlas en un estilo impersonal que no permitiera reconocerl al autor, para que un posible éxito de las mismas no incitara al orgullo y a la soberbia de sus creadores.

EL VEHÍCULO DE LA FE

Hasta el año de 1870 el puritanismo en Inglaterra fue tan fuerte que el número de obras dedicadas a temas religiosos y de culto era más del doble de las dedicadas a la ficción, en todas sus variedades. Una persona que se dijera religiosa debía poseer un determinado número de obras sacras y en los hogares se estableció la práctica de tener librerías separadas: los libros religiosos a la vista de las visitas y el resto en una habitación apartada.

UN LIBRO BENDITO

La Iglesia, que tantos libros profanos ha prohibido, ha sabido en ocasiones apreciar el potencial proselitista de obras no religiosas. Tal es el caso de la famosa novela *Ben-Hur: A Tale of the Christ*, aparecida en 1880, que fue llevada al cine con gran éxito en dos ocasiones. El libro, por su contenido religioso acorde con las Sagradas Escrituras, fue la primera obra de ficción bendecida directamente por un Papa. El autor, Lew Wallace (1827-1905), estuvo siempre convencido de que había sido este hecho el que determinó el tremendo impacto del libro y su gran difusión.

CONTRA LA NOCIÓN DE QUE LA POESÍA NO VENDE

Los poetas suelen quejarse de que casi nadie compra libros de poesía, lo que supedita su éxito a la concesión de premios literarios y al juicio de la posteridad. Pero todo depende del autor, pues algunos libros despiertan gran expectación desde mucho antes de publicarse. Sirva de muestra el dato de que los 30.000 ejemplares de la primera edición del poema *The Corsair* [El corsario] de Lord Byron (George Noel Gordon, 1788-1824), aparecida en 1814, se agotaron en las librerías el mismo día de su aparición.

CULTURA ÁRABE

En el año 900, cuando Londres, París o Madrid no eran sino simples villorrios rodeados de empalizadas, la biblioteca de Al-Hakam II, en el Alcázar de Córdoba, contaba con 600.000 ejemplares de las obras más importantes del saber del tiempo y estaba complementada con un catálogo metódico de su contenido.

LOS LIBROS MUERTOS

Johann Wolfgang von Goethe (1749-1832), afirmaba que la palabra escrita era un mísero *ersatz* ('sucedáneo') de la palabra hablada, sin voz que la llene y sin carne que la concrete. Más tarde, José Ortega y Gasset (1883-1955) definiría al libro como un saber «petrificado», algo que se dijo en una situación concreta y como reacción a ella. Por lo tanto siempre será incompleto, la mitad de sí mismo, pues no está completado con su contorno y su circunstancia. Y añadiría que el contorno forma parte de la palabra esencialmente y la palabra es actividad.

EL LIBRO COMO PROBLEMA

Al contrario de lo que sucedía en el Renacimiento –cuando existía gran afán de saber y muy pocos libros para documentarse–, en la actualidad la realidad es que existen demasiados libros. Hoy en día los libros son una carga, pues no se tiene tiempo para leer todos aquellos que necesitamos para nuestra profesión y los imprescindibles para mantener una cultura literaria mínima. Los científicos están todos de acuerdo en que una de las mayores dificultades con las que se enfrentan es la de orientarse entra las abultadas bibliografías de sus especialidades, que les hacen perder un tiempo que podría dedicarse a la ciencia misma. La consecuencia es que la abundancia de libros lleva a leer de prisa y a leer mal.

LA DEDICATORIA GENEROSA

Por lo general, es costumbre dedicar los libros a la familia, a los amigos o a quienes han ayudado en su redacción o edición. Pero hay autores que quieren cumplir y quedar bien con mucha más gente. Tal es el caso de Antonio Pérez (1534-1611), secretario del rey Felipe II, quien dedicó su obra *Relaciones de su vida* «A Nuestro Santísimo Padre, al Sacro Colegio, al Rey... y a todos».

UNA FRASE FAMOSA

Plinio el Joven (Gaius Plinius Caecilius Secundus, 61-114), el famoso literato y político romano, se encuentra entre los principales defensores de los libros y a él se le atribuye el conocido adagio *Nullum esse librum tan malum ut non aliqua parte prodesset* («Ningún libro hay tan malo que no contenga algo bueno»).

VOCES POCO CONOCIDAS

Algunos términos relacionados con los libros son en extremo curiosos y desconocidos. Entre ellos está 'bibliátrica', «arte de restaurar los libros»; 'bibliopege', «encuadernador de libros»; 'bibliognosta', «conocedor de libros»; 'bibliósofo', «secretario», «tenedor de libros»; 'bibliótata', «persona indiferente a los libros que posee»; 'bibliótafo', «aquel que no presta sus libros»; 'bibliópola', «librero»; 'bibliopea', «arte de hacer un libro» o 'bibliopepsia', «propensión a la lectura apresurada, fragmentada y sin aprovechamiento».

EL SIGNIFICADO DE LA PALABRA

El término griego *biblion*, que significa «libro», se originó en la ciudad de Byblos, que era en la antigüedad el puerto más importante en la exportación del papiro.

PRIMER LIBRO ESPAÑOL

Durante mucho tiempo se creyó que el primer libro impreso en España mediante tipos móviles que se conserva estaba escrito en valenciano y se titulaba *Les obres e trobes dauall scrites les quals tractem de lahors de la sacratissima verge Maria* [Obras y trovas escritas en honor de la santísimaVirgen María], aparecido en Valencia en el año de 1474. Esto no es exacto y parece ser que una *Ethica Nicomachea* [Ética a Nicómaco] de Aristóteles, se imprimió en Barcelona en 1473, según el *Catálogo General de Incunables en las Bibliotecas Españolas*. El primer libro impreso es, en realidad, el *Sinodal de Aguilafuerte*, realizado por el impresor Juan Parix, de Segovia en 1472. La Catedral de Segovia alberga el único ejemplar que existe.

LA IMPORTANCIA SECUNDARIA DEL TEXTO

En la elaboración de libros manuscritos que tenía lugar en los monasterios medievales la copia propiamente dicha del texto no era quizá la parte más esencial del proceso. Se daba gran valor al miniado y a la ilustración con miniaturas y, además, una gran cantidad del tiempo de trabajo de los monjes se dedicaba a cortar el pergamino si era nuevo o rasparlo si era usado, a rayar las hojas con un punzón, a cortar las plumas de ave, a preparar los pinceles y a elaborar las tintas.

UN ARTÍCULO DE LUJO

Los reyes en la Edad Media solían hacer gala de su generosidad regalando a las bibliotecas de los conventos un ejemplar de un libro, mediante el procedimiento de pagar al artista que había de elaborar la copia. Los elevados precios de esta actividad –y la competencia entre los artistas más apreciados– hacían que ni siquiera los reyes pudieran encargar más de un ejemplar de cuando en cuando.

EL REY BIBLIÓFOBO

En el Palacio Real de Madrid existió una magnífica biblioteca hasta el año de 1810. El rey José I, hermano de Napoleón Bonaparte, quiso construir una gran plaza delante del palacio y con este fin mandó demoler el pasadizo que unía el alcázar con el monasterio de la Encarnación, donde se encontraban los libros. Estos quedaron amontonados en el convento de la Trinidad, en la calle de Atocha, sufriéndose así pérdidas irreparables. Algunas libros se recuperaron en 1814, al finalizar la Guerra de la Independencia, pero muchos ejemplares se perdieron o se deterioraron en el proceso.

TÍTULOS AL FINAL

Los títulos que aparecen al principio de los libros no siempre han estado ahí. Cuando éstos se escribían en forma de rollos de pergamino manuscritos, el título de la obra –que no siempre existía– aparecía al final del texto, puesto que de esa manera, al ser la parte que menos se tenía que desenrollar, era la más protegida y la que menos se deterioraba. La costumbre de añadirlo también en la parte exterior para que pudiera reconocerse el rollo entre otros es comparativamente moderna.

LA BUENA SUERTE DE GUTENBERG

Se afirma que la imprenta de tipos móviles fue inventada por Johann Gensfleisch Gutenberg (1397-1468), pero esto es una noción emprejuiciadamente eurocentrista, pues esta forma de impresión era ya conocida y empleada en la antigua China desde el año 960 (empleándose tipos de madera, cerámica, estaño y bronce). La razón por la que su uso no se generalizó en el Celeste Imperio fue el elevado número de signos de escritura empleados por los chinos, pues se necesitaban de 4.000 a 5.000 caracteres diferentes para componer un libro corriente. De no ser la lengua china tan complicada de escribir, la imprenta, tal y como hoy la conocemos, se habría popularizado muchos siglos antes.

DERECHOS DE AUTOR

Desde la época del Imperio romano los autores no se beneficiaban económicamente de sus producciones. No percibían retribución alguna de parte del editor-impresor. No había leyes que protegieran la propiedad literaria y la única manera de ganar dinero escribiendo era dedicar el libro a algún mecenas rico que estuviera dispuesto a pagarlo. Esta situación continuó así hasta el siglo XVI. En 1525, en Venecia, las autoridades defendieron a un impresor de las ediciones fraudulentas de otro y éste fue el inicio del concepto de propiedad intelectual.

LOS GRANDES LIBROS GRANDES

La idea del libro incluye la noción de transportar el saber y cada vez se popularizan más los denominados libros de bolsillo. Sin embargo, existen volúmenes de gran tamaño, elaborados especialmente para bibliotecas o simplemente por un caprichpo editorial. El libro más grande conocido, llamado *Super Book*, se confeccionó en Denver, Colorado, en 1976. Sus 300 páginas tienen unas dimensiones de 2,74 x 3,07 metros. y llega a pesar 252 kilogramos.

LA NOVELA-RÍO

Veintisiete volúmenes es un número bastante elavado para una obra científica o una enciclopedia. Y, por supuesto, más que suficientes para una novela. Ése es el número de tomos de la obra titulada *Les Hommes de bonne volonté* [Los hombres de buena voluntad], escrita entre 1932 y 1946 Jules Romains (Henri Jean Farigoule, 1885-1972).

EL ORIGEN DE MUCHOS MALES

En el diálogo *Fedro* de Platón (429-347), el personaje de Sócrates menciona que el dios egipcio Toth le hizo la relación a un faraón de todas las dádivas concedidas por los dioses a los mortales. Le dijo que algunos eran beneficiosos (los números, la astronomía) y otros –como la escritura–, perniciosos y indicó que ésta le iba a acarrear al hombre infinitamente más perjuicios que beneficios.

LAS SIETE CIENCIAS

Se ha hablado de la era de la Enciclopedia como un logro de los intelectuales franceses del siglo XVIII. Pero hubo enciclopedias mucho más antiguas, como una titulada *Satyricon*, en la que el enciclopedista africano Marcianus Mineus Capella (siglo V) reunió en un sólo volumen las siete ciencias conocidas hasta entonces. Éstas eran Gramática, Dialéctica, Retórica, Geometría, Astronomía, Aritmética y Música. Se les denominaba «artes liberales».

UN PRECURSOR DESOÍDO

Suele decirse con frecuencia que Jules Verne (1828-1905), el famoso novelista francés, fue un precursor de la ciencia-ficción y de muchos inventos. Esto es cierto, pero no totalmente en lo que se refiere a la aceptación generalizada de sus ideas. Hay que reseñar que la segunda novela que escribió –tras el éxito arrollador de *Cinq semaines en ballon* [Cinco semanas en globo]– fue *Paris au XXe siècle* [París en el siglo XX], obra considerada tan fantástica que no la consiguió publicar (no se ha hecho hasta años recientes), ya que profetizaba cosas «que nadie podría creer», en palabras de su editor. En ella Verne hablaba de trenes automáticos, del fax, de la iluminación nocturna de la ciudad y de muchas otras cosas que existen ciertamente en la actualidad.

PREJUICIOS SOCIALES

Hoy en día la profesión de escritor goza de cierto prestigio social y es magnífico que sea así. Pero no hay que olvidar las épocas en las que algunas clases sociales mostraban serios prejuicios ante este tipo de actividades. El gran astrónomo danés Tycho Brahe (1546-1601), uno de los más notables, consideraba por debajo de la dignidad de un aristócrata el escribir libros y se lo pensó mucho antes de redactar su pequeño tratado titulado *De nova stella, anno 1572* [La nueva estrella, año 1572] sobre una estrella de la constelación de Casiopea que estalló en dicha fecha.

LA MATEMÁTICA DE UN SOLO NÚMERO

Las más pequeñas cosas pueden ser motivo para que se escriba largamente sobre ellas. Tomemos, por ejemplo, el primero de los números, el 1, un concepto tan sencillo que hasta los niños más pequeños pueden comprenderlo sin dificultad. Pues bien: en la enciclopedia titulada *Éléments de mathématique* [Elementos de matemáticas], aparecida en 1939 bajo el pseudónimo colectivo de Nicholas Bourbaki, un nutrido grupo de matemáticos franceses, trabajando en equipo, dedicó un total de 200 páginas a toda una serie de cuestiones relativas a ese sencillo número.

ILUSTRACIONES CAPRICHOSAS

La denominación de 'Atlas' para los libros de mapas se debe al hecho de que el cartógrafo holandés Gerhard Mercator (1512-1594) tuvo la idea de adornar un libro que contenía mapas de Europa con un grabado de Atlas (el titán de la mitología griega que sostiene la bola del mundo sobre sus hombros). Por su altura, el coloso podía ver todo el ecúmeno (el mundo conocido entonces). El libro se popularizó y de ahí viene este término, generalizado hoy.

LOS PELIGROS DE LA INDECISIÓN

En ocasiones es muy arriesgado el corregir mucho un libro en aras del perfeccionismo. Puede servir de ejemplo lo que le sucedió a Charles Darwin (1809-1882) con *On the Origin of Species by Means of Natural Selection* [El origen de las especies mediante selección natural]. Llevaba trabajando en él catorce años sin sentirse satisfecho y demorando su publicación, cuando recibió un manuscrito de otro naturalista, Alfred Russell Wallace (1823-1913), que trabajaba en el mismo tema: la teoría de la evolución. El propósito de Wallace era que Darwin criticara su obra y le diese su opinión. La lectura de este manuscrito incitó a Darwin a publicar por fin su obra, para evitar el riesgo de que alguien más se le adelantara.

LA DIOSA DEL LIBRO

Desde hace años celebramos anualmente el «Día del libro», en la festividad de San Jordi, con un sentido lúdico y comercial. Pero no es un concepto nuevo. En la India existe una festividad denominada «Sarasvati puja» dedicada al libro y a Sarasvati, diosa de la sabiduría. En ese día se reverencia a los libros de texto y de enseñanza (no sólo a los religiosos). Si un volumen cae al suelo o si lo tocamos inadvertidamente con el pie, se le pide perdón, pues los libros son nuestros grandes maestros y como a tales hay que respetarlos.

LIBROS POR HABITANTE

En la antigüedad, los libros puede que estuviesen mal

repartidos, pero hay que reconocer que no eran tan pocos como creemos. A finales del siglo XV en Europa se imprimieron entre 15 y 20 millones de libros, en un momento en el que la población total del continente no superaba los 100 millones.

UN LECTOR ABSORTO

El exégeta y teólogo francés Augustin Calmet (1672-1757) estuvo siempre tan inmerso en sus lecturas y en sus escritos y vivió tan obsesionado por los libros, que no se enteró de muchas cosas del mundo exterior, mostrando hasta qué punto pueden éstos monopolizar nuestra atención. En una conversación con su amigo Voltaire se dice que le preguntó: «¿Quién es esa Madame Pompadour de la que me estáis hablando todo el tiempo?»

UN *BEST SELLER* DE LA ANTIGÜEDAD

Siempre solemos relacionar el término *best seller*, libro más vendido, con novelas o libros de ficción. Pero es interesante saber que los dos libros de mayor venta y difusión en el mundo antiguo fueron obras científicas. El libro de texto de más éxito en la historia de la humanidad fue un libro de geometría. Se trata del tratado *Elementum* [Elementos] del geómetra griego Euclides (315-225), escrito alrededor del 300 a. de C. De él se hicieron más de 1000 ediciones y fue, con mucho, el libro técnico más leído durante siglos.

Otro de los títulos más conocidos fue una obra de consulta: la *Naturalis historia,* del escritor romano Plinio el Viejo (Gaius Plinius Secundus, 23-79).

UN LIBRO LLENO DE SECRETOS

Un famoso médico holandés, Herman Boerhaave (1668-1738), dejó a su muerte un manuscrito sellado, en el que prometía revelar los más profundos secretos de la medicina. La solidez y precisión de sus múltiples publicaciones anteriores sobre el tema hicieron que el manuscrito se subastara por una gran suma. Cuando se abrió el sello el libro apareció en blanco en la totalidad de sus páginas menos en el prólogo, donde se recomendaba mantener la cabeza fresca y los pies calientes para no acatarrarse.

LA INFLACIÓN BIBLIOGRÁFICA

Éste es un término que se emplea totalmente en serio en los círculos especializados y que hace referencia a la gran cantidad de libros sobre el mismo tema que, en un momento dado y debido a una moda, saturan los mercados, sin aportar cada uno ideas, datos u opiniones diferentes. Como ejemplo de esto pueden mencionarse los libros sobre el Tercer Reich aparecidos en la década de los sesenta o, en la actualidad, los denominados de «autoayuda».

LIBROS NECESARIOS

Hay libros que son indudablemente más aburridos que otros, pero parece ser que efectivamente existen lectores potenciales para toda clase de obras. No se explica de otro modo al aparición de algunos títulos concretos. En 1973, los matemáticos franceses Jean Guilloud y Martine Bouyer, publicaron una obra sobre el número exacto de *pi*, –esto es, la relación de una circunferencia con su diámetro–, en un libro de cuatrocientas páginas en las que sólo aparecía dicho número, eso sí, con un millón de cifras decimales.

UNA PROFESIÓN POCO LUCRATIVA

Denis Diderot (1713-1784), principal autor de la *Encyclopédie*, resumen de todas las opiniones y conocimientos científicos de la Ilustración y una de las obras más ambiciosas en la historia de la cultura, trabajó en ella durante veinte años y ganó tan poco dinero que, una vez que estuvo acabada y para poder pagar la dote de su hija, se vio obligado a vender su biblioteca particular y otros enseres domésticos.

CEGADO POR LA ENVIDIA

Herbert George Wells (1866-1946), uno de los iniciadores de la ciencia-ficción y persona muy abierta a todo tipo de avances e inventos, se negó, sin embargo, a considerar la posibilidad de la fabricación de naves que viajasen bajo el agua (esto es, de submarinos). Tal postura no se debió a falta de visión, sino simplemente a la envidia que el inglés tenía a Jules Verne (con quien frecuentemente le comparaban los críticos) y que en su obra *Vingt mille lieues sous les mers* [Veinte mil leguas de viaje submarino] había descrito en detalle tal medio de locomoción.

LITERATURA FEMENINA

En contra de lo que siempre se ha dicho, un gran número de mujeres se ha dedicado a la literatura desde tiempos remotos. Un ejemplo a destacar es el de Murasaki Shikibu (980-1030), que fue autora de la novela más antigua que se conserva como tal: *Genji-monogatari* [El cuento de Genji]. Además, ella aludió en su diaria a la existencia de muchas otras escritoras de renombre en su tiempo, cuyas obras, desgraciadamente, no han llegado hasta nosotros.

SHAKESPEARE CENSURADO

Se ha alabado mucho el respaldo real que la reina Elizabeth I de Inglaterra dio a Shakespeare y a su teatro. En realidad, no siempre fue así y las obras del bardo de Avón estuvieron muy sujetas a la censura. En su tragedia *Richard II* [Ricardo II], la escena en la que el rey es destronado (hecho rigurosamente histórico) no se permitió en vida de la reina y no se incluyó en el texto impreso hasta cinco años después de la muerte de ésta. La razón que se daba para esta censura es que la monarquía de los Tudor no podía aceptar el mostrar el derrocamiento de un rey, algo paradójico, si se recuerda que Elizabeth mandó decapitar a Mary Stuart, reina de Escocia.

EXCESO DE PERFECCIONISMO

El pudor literario puede hacer que grandes obras se pierdan para la poseteridad. Tal es el caso de la *Eneida* de Virgilio (Publius Vergilius Maro, 70-19 a. de C.). El autor dejó instrucciones de que este libro, compuesto en 12 volúmenes, fuese quemado íntegro a su muerte, puesto que no había tenido tiempo para corregirlo y mejorarlo y no deseaba que las generaciones futuras leyesen una obra imperfecta firmada con su nombre. Afortunadamente, el emperador Augusto, que había encargado el trabajo, no permitió que se cumpliese esta última voluntad del poeta y la gran epopeya ha llegado hasta nosotros.

CREADORES Y CRÍTICOS

Muchas veces los autores o pensadores hacen una valoración de su obra que no coincide en absoluto con la apreciación del resto de las gentes. Isaac Newton (1642-1727), cuyo genio matemático dominó el pensamiento científico occidental durante varios siglos, consideraba que su mejor obra y su logro más destacado había sido su interpretación de un fragmento de la Biblia —concretamente del *Libro de Da-*

niel–, una obra totalmente olvidada por la posteridad y a la que en ningún momento se le dio importancia alguna.

LENGUAJE PERIODÍSTICO

Entre todas las variedades de escritores, los periodistas han tenido siempre fama de no dominar la lengua de la manera que sería de desear. A principios del siglo XIX el crítico literario francés Charles Augustin Saint-Beuve (1804-1869) tuvo un altercado con un periodista y éste retó al autor a un duelo, en una carta escrita de una manera pedestre y llena de errores. Saint-Beuve, divertido ante aquella misiva, contestó al desafío de la siguiente manera: «Respetado señor: Acepto el duelo que me propone. Estará usted de acuerdo en que, como yo soy el ofendido, tengo el privilegio de elegir el arma con la que vamos a enfrentarnos. He decidido elegir la ortografía. Por consiguiente, usted está ya muerto.»

LA FRUSTRACIÓN DEL ESCRITOR

Muchos autores no son debidamente reconocidos en vida. Pero alentados por la esperanza de que el juicio de la posteridad reconozca su valía, no suelen abandonar su actividad creativa. Una excepción a esta regla es la del poeta y novelista norteamericano Herman Melville (1819-1891). Como su novela *Moby Dick*, y otras publicadas, no habían tenido demasiado éxito en el momento de su aparición, renunció a escribir y pasó el resto de su vida como empleado de aduanas del puerto de Nueva York, alejado de los círculos literarios y plenamente dedicado a su actividad burocrática.

UN MANUSCRITO VALIOSO

Algunos literatos han dado claros ejemplos de su fe en el criterio de la posteridad. Rudyard Kipling (1865-1936), para recompensar a la enfermera que había cuidado a un hijo suyo enfermo, le entregó el manuscrito de su obra *The Jungle Book* [El libro de las tierras vírgenes], para que lo vendiera en un futuro si alguna vez tenía necesidad. En efecto, la situación se presentó y la enfermera, tras vender el manuscrito, vivió del importe recibido durante el resto de su vida.

INCOHERENCIA POLÍTICA

Maksim Gorki (Aleksey Maksimovich Peshkov, 1868-1936) fue el autor del afamado libro de propaganda soviética *Mat* [La madre]. Gorki está considerado como el padre de la literatura revolucionaria, fundador de la literatura de realismo social y uno de los grandes teóricos del marxismo. Sin embargo, ha de mencionarse la anécdota de que escribió este libro hallándose de vacaciones en los montes Adirondacks, en Elizabethtown, un lugar de recreo cercano a Nueva York, en la cuna del capitalismo occidental.

LOS MALOS LITERATOS

Los casos de autores literarios no reconocidos son en extremo abundantes. Honoré de Balzac (1799-1850), padre del realismo francés, nunca consiguió un puesto en la Academia Francesa de la Lengua, pese a intentarlo en diversas ocasiones. Pero esto no es nada comparado con lo que le sucedió a Émile Zola (1840-1902), considerado el maestro indiscutible del naturalismo francés y uno de los mayores literatos de todos los tiempos, quien obtuvo en el colegio un cero en la asignatura de Literatura.

LA GRAN COLECCIÓN

Los libros más grandes suelen ser los menos vendidos y corren el riesgo de ser también los menos leídos. Esto es, con toda probabilidad, lo que sucede con la mayor publicación que se conoce, los *British Parliamentary Papers* [Las Actas del Parlamento británico], que se recogen en una colección de mil ciento doce volúmenes, con un peso total de más de tres toneladas. Los editó la firma Irish University Press entre 1968 y 1972.

UNA TERMINOLOGÍA ERRÓNEA

La Biblia es, indudablemente, el libro más vendido y supuestamente el más leído. La mayoría de la gente cree que la palabra *biblia* significa literalmente 'libro' y así se habla de los «pueblos del libro» refiriéndose a cristianos y hebreos. Sin embargo, su significado preciso es 'libros', pues *biblia* es la forma griega plural de *biblion*. Por ende, la expresión «los libros de la Biblia» es una reiteración totalmente incorrecta y, al referirnos a estas escrituras deberíamos decir «las Biblia».

EL LIPOGRAMA

La literatura puede convertirse en un «más difícil todavía», a capricho del autor, como lo prueba la existencia de la novela *Gadsby*, del americano Ernest Vincent Wright (1872-1939), una obra de cincuenta mil palabras en las que no aparece ni una sola vez la letra 'e'. Este procedimiento literario –denominado también *lipogramacia*–, en extremo caprichoso, existe desde antiguo y ya el poeta y gramático griego Trifiodoro (siglo V) escribió una *Odisea* lipogramática sin la letra 'α' en el primer libro, sin '$' en el segundo, etc. Los críticos no apreciaron su esfuerzo y le recomendaron que quitara también todas las otras letras de su obra.

FALSOS DESEOS

En su testamento, el autor austriaco Franz Kafka (1883-1924) ordenó a su amigo y albacea Max Brod que quemase los manuscritos de sus novelas inéditas. Sin embargo, Brod pensó que esa última voluntad no era genuina, pues Kafka sabía de sobra que él no haría nunca algo así, de donde concluyó que no tenía que respetar tal petición. Esta línea de razonamiento –o la falta de escrúpulos de Brod– es lo que ha permitido que lleguen hasta nosotros las obras *Der Prozess* [El proceso], *Das Schloss* [El castillo] *y Amerika* [América].

UN POETA PRESUMIDO

En el mundo de las artes todos quieren destacar por algo y ser recordados por la posteridad como autores especialmente creativos u originales. Esto conduce en ocasiones a la mentira, como en el caso de Gustave Kahn (1859-1936), quien afirmó en su libro *Premiers poèmes* [Primeros poemas] que había sido el primero en emplear el verso libre en sus composiciones. Dicha afirmación era totalmente errónea, pues John Milton (1608-1674) y Walt Whitman (1819-1892) –por mencionar sólo algunos nombres importantes– ya lo habían hecho antes que él.

LAS FERIAS DEL LIBRO

Tras la difusión en Europa de los libros elaborados en imprentas de tipos móviles –una verdadera explosión editorial como nunca después se ha conocido–, la organización de ferias del libro fue algo lógico que no se hizo esperar. Se tienen noticias de que ya en 1485 se venían celebrando desde algunos años antes ferias especializadas en la venta de libros en las ciudades de Maguncia y Leipzig.

FINALES FELICES

Es indiscutible el hecho de que los lectores prefieren siempre los finales felices en las obras de ficción que leen. Claro está que no siempre pueden escoger, pero, dada la oportunidad, optan siempre por lo agradable. Por eso, la versión de Charles Perrault (1628-1703) de *Belle au bois dormant* [La bella durmiente del bosque] ha sido la que ha pasado a la posteridad, en detrimento de otro interesante libro anterior sobre el mismo tema, escrito por Giambattista Basile (1575-1632), *Il Pentamerone* [El pentamerón]. En la versión del autor italiano, el príncipe encuentra a la heroína dormida y, sin dudar ni un momento, la viola brutalmente y desaparece. Meses después, ella, en medio de su sueño, da a luz a dos gemelos, que serán quien la despierten. Siguen luego diversas aventuras, pero del príncipe no se vuelve a saber nada.

LOS PRIVILEGIOS DEL SABER LEER

No hay que desdeñar nunca la importancia del alfabetismo. En el siglo XVI, Ben Jonson (1572-1637), dramaturgo contemporáneo de Shakespeare, tuvo una pendencia con un actor. Ambos concertaron un duelo y el escritor mató a su rival. Fue apresado y, cuando se le permitió defender en el juicio, alegó el denominado «derecho de clerecía», esto es: que sabía leer y escribir y que era un crimen social el matar a alguien que poseyera tales habilidades. Jonson fue absuelto.

POESÍA EN LA OFICINA

La creación poética y el trabajo para el gobierno no siempre son compatibles. La publicación de *Leaves of Grass* [Hojas de hierba] de Walt Whitman (1819-1892), considerada hoy obra cumbre de la poesía norteamericana, provocó que se despidiera a su autor de su empleo en una oficina gubernamental del Ministerio del Interior. Al parecer, el Secretario del Interior consideró la obra como muy perniciosa.

LA BIBLIOTECA AMBULANTE

Abdul Kassem Ismail (938-995), Gran Visir de Persia, es un ejemplo extremo de amor a los libros. Poseía una biblioteca de 117.000 volúmenes, pero no es esto lo que le hace destacar. Ismail, pese a viajar mucho por multitud de motivos, nunca se separó de sus queridos libros y los hacía transportar en camellos (unos cuatrocientos), en una caravana que le acompañaba dondequiera que iba. Estos camellos estaban siempre colocados en la misma posición, siguiendo el orden alfabético de los volúmenes que transportaban, para facilitar la consulta de los libros durante cualquier alto en el camino.

UN LIBRO CARO

Los libros más influyentes no son siempre éxitos editoriales. El volumen de Copérnico (Nikolaus Koppernigk, 1473-1543) en el que se explica la teoría del heliocentrismo –*De Revolutionibus Orbium Coelestium* [Las revoluciones del orbe celeste]– fue un total fracaso económico. Se publicó en varias ocasiones, pero siempre con un precio tan alto que limitó efectivamente su venta, por lo que la teoría se extendió sin que casi nadie conociese en realidad el libro en el que se explicaba.

LA ESCRITURA ABSORBENTE

La creación literaria es una de las actividades humanas que puede llegar a convertirse en una verdadera obsesión para algunas personas. Durante la Revolución Francesa, todos los ciudadanos parisienses vivieron extremadamente pendientes de los acontecimientos políticos que acaecían diariamente y que iban a cambiar sus vidas, el gobierno de Francia y muchos aspectos de la civilización europea. Sin embargo, el Conde de Laurencin (Jean Espérance Blandine, 1733-1812) pasó los cuatro años que duró la Revolución escribiendo un poema sobre los pájaros y sin enterarse en absoluto de lo que estaba sucediendo en su ciudad.

LA INCOMUNICACIÓN MEDIANTE LIBROS

Platón (429-347) hizo constar en diversas obras su antipatía hacia los libros por lo que éstos tenían de cadavérico, de expresión paralítica. Además, el filósofo consideraba que la relación entre el escritor y el lector tenía algo de inmoral, puesto que el autor no puede responder a las objeciones del que le lee ni puede tampoco rectificar al lector que entiende en sus obras lo que él no ha dicho. Las ideas que se incluyen en los libros son como flechas que lanzamos sin saber si llegarán a un destino equivocado.

EL NEGOCIO DE LA FALSIFICACIÓN

La famosa novela *Ben-Hur: A Tale of the Christ,* de Lewis Wallace (1827-1905) sirvió de base para uno de los mayores fraudes de los que se tiene noticia en el mundo editorial. Un reverendo presbiteriano, William D. Mahan (1824-1906), copió literalmente grandes fragmentos de la obra de Wallace e intentó hacerlos pasar por la traducción de un manuscrito original recientemente descubierto sobre la vida de Cristo. Publicó todo el material bajo el título de *Archko Volume* [El volumen Archko] en 1886 y, aunque pronto se supo la verdad, se siguieron vendiendo ejemplares masivamente hasta 1976, pues mucha gente cree aún que lo que en él se cuenta sobre la vida y personalidad de Jesús es totalmente cierto.

BUENA PUBLICIDAD

Es sabido que los libros se benefician grandemente de las campañas publicitarias que se hacen antes de su aparición. Un buen precedente de estos libros que intentan asegurarse el éxito de antemano sería *On the Origin of Species by Means of Natural Selection* [El origen de las especies mediante selección natural], de Charles Darwin (1809-1882). Esta obra despertó tal curiosidad en los círculos intelectuales por todo lo que se venía hablando del tema, que su primera edición (de 1.250 ejemplares) se agotó el mismo día de su aparición, algo insólito hasta el momento.

UN ARMA SOCIAL

Los libros de denuncia pueden llevar a agitar de una manera muy clara la sociedad y a hacer que la gente se interese por los problemas de los demás, sirviendo así como un arma muy efectiva de cultura y de perfeccionamiento social. Tal es el caso de *Uncle's Tom Cabin* [La cabaña del tío Tom], de Harriet Beecher Stowe (1811-1896), libro capital en la toma de conciencia del pueblo norteamericano en el asunto de la manumisión de los esclavos. Ha de decirse, sin embargo, que no todo el efecto de la obra fue positivo y la autora recibió mucha correspondencia insultante y amenazadora, enviada por los sectores más intransigentes de la nación. Incluso llegó a recibir un macabro paquete postal en el que se le enviaba la oreja de un esclavo negro.

EL CREADOR DE UNA LENGUA

Muchos hombres son los han escrito libros. Pero muy pocos han inventado lenguas. Ivar Andreas Aasen (1813-1896), filólogo noruego, redactó un completo libro sobre dialectos noruegos, reuniendo complicadas formas regionales de habla y, con ellas, creó en su obra una verdadera lengua nacional o *folk-maal* que reemplazó a la forma dialectal mezclada con danés que había venido usándose hasta entonces en su país. La aparición de su trabajo permitió que gentes que hasta el momento hablaban diferentes dialectos comenzaran a entenderse.

EL LIBRO PEOR PAGADO

La obra máxima de Sigmund Freud (1856-1939) *Die Traumdeutung* [La interpretación de los sueños], que revolucionó la psicología y está considerada como uno de los libros científicos más importantes de todos los tiempos, le reportó a su autor la modesta suma de 209 dólares y los escasos 600 ejemplares de su primera edición tardaron ocho años en venderse.

ERRATAS DIVERTIDAS

Las erratas pueden llegar a popularizar un libro o una versión de un libro, como sucede con diversas Biblias imperfectas, conocidas por distintos nombres. La denominada «Biblia del pecador» es muy famosa. En ella, en su versión en inglés, en lugar de decir «sin no more» (no peques más), la errata la hace decir «sin on more» (continúa pecando). Otras Biblias divertidas, por omisión del adverbio de negación, dicen: «[No] Cometerás adulterio» o «Los injustos [no] heredarán el Reino de Dios».

EL LIBRO QUE SALVÓ A UN IDIOMA

El poeta *Firdausi* (Abul Qasim Mansur, 935-1020) fue el autor del *Shah-nama* [Libro de los reyes], una epopeya sobre la historia de los antiguos reyes de Persia, que está considerada como el poema nacional. El hecho de que escribiera dicho libro en persa y la gran aceptación y difusión que éste tuvo hizo que se revitalizara esa lengua y que el país no comenzara a usar generalizadamente el árabe, como se preveía que iba a suceder. Es un ejemplo de cómo un libro puede cambiar a una nación.

CONTRA LOS LADRONES DE LIBROS

En la Edad Media los primitivos colegios tenían sus bibliotecas. Pero los libros solían ser utilizados *in situ* y estaban fijos por medio de cadenas para que nadie tuviera la tentación de apoderarse de ellos. Por esta razón se les denominaba *libri catenati* (libros encadenados) y también 'barbetos', vocablo que significa 'perro de aguas', símil que hacía alusión también a la cadena. Si tenía lugar algún préstamo por motivos imperiosos, el que se llevaba un libro debía dejar un depósito de seguridad. Pero este depósito no consistía en dinero, sino precisamente en otro libro cualquiera que, de no efectuarse la devolución, pasaba a formar parte de los fondos de la biblioteca. Ha de añadirse que los bibliocleptos o ladrones de libros estaban especialmente mal considerados e incluso existían maldiciones especiales para ellos.

EL INFLUJO DE LOS LIBROS NO LEÍDOS

Es curioso notar que hasta los libros que desconocemos pueden ejercer gran influencia sobre nosotros. El dirigente nazi Adolf Eichmann, cuando fue procesado en Jerusalem, aseguró –como más tarde harían muchos otros nacional-socialistas– que nunca había leído *Mein Kampf* [Mi lucha] de Adolf Hitler, ni conocía los postulados que se difundían en tal obra. Cuando se le preguntó la razón que le había llevado a desentenderse de lo que se consideraba una obra clave para entender las razones de los nazis, Eichmann respondió

que otros correligionarios suyos le habían desaconsejado su lectura, por ser un libro demasiado aburrido.

EL LIBRO RÁPIDO

Honoré de Balzac (1799-1850) tuvo mucho éxito con sus novelas en toda Europa, pero obtuvo comparativamente pocos beneficios de ellas y pasó la mayor parte de su vida acuciado por las deudas. En cierta ocasión, espoleado por la idea de ganar dinero fácilmente, decidió estrenar una obra dramática y apalabró un teatro, anunciando el estreno, sin tener la comedia escrita. Cuando se acercó la fecha de la representación, reunió en su casa a cinco amigos y les propuso que escribiesen la obra entre todos (un acto cada uno) en una noche. Ni siquiera discutieron en detalle el argumento, pues no había tiempo para ello. Simplemente se mencionaron unos personajes y todos se pusieron a la labor. Como es de esperar, la obra no llegó a estrenarse a tiempo.

INFLUJO HUMANISTA

El Renacimiento ha gozado siempre de muy buena prensa, siendo considerado como una época de cultura que vino a substituir a una Edad Media de incultura, oscuridad e intransigencia. No está de más saber que en nombre del «humanismo» renacentista, varios reyes ingleses —entre los que se contaron Enrique VIII y Eduardo VI—, aliados con la «nueva enseñanza», se dedicaron sistemáticamente a purgar y quemar muchos libros de la antigua tradición medieval, a la que creían justamente combatir.

LA VIEJA BIBLIOTECA

La biblioteca más antigua de la que hemos llegado a

tener noticia estaba emplazada en la ciudad babilónica de Nippur. En ella, en un templo que data del tercer milenio a. de C., se conservaba gran cantidad obras de letras, escritas en tablillas de arcilla.

EL ESCRITOR EMPEDERNIDO

La imperiosidad de escribir es algo contra lo que algunas personas no pueden luchar. Hay ejemplos múltiples de autores que han dedicado su vida a su obra, pero muchos de ellos lo han hecho en situaciones favorables, con medios, ayuda y apoyo. Otros, sin embargo, han carecido de los útiles y las condiciones precisos para la creación artística, pese a lo cual no han cejado en su actividad. Tal es el caso de Cesare Cantù (1804-1985), quien escribió su primera novela, *Margherita Pusterla*, hallándose recluido en una prisión austriaca y sin poseer los elementos necesarios, puesto que los carceleros no le procuraron papel ni pluma. La totalidad del libro está escrita en retazos sueltos de papel de distintos tamaños y calidades. Cantù empleó palillos de dientes para escribir y, como tinta, utilizó una mezcla de agua con hollín que él mismo fabricaba a escondidas.

ERRORES INMORTALES

Los grandes libros que son el orgullo de nuestra tradición cultural también están muchas veces llenos de errores, no menos famosos que sus virtudes. Esto sucede frecuentemente en *El ingenioso hidalgo don Qui-*

jote de la Mancha, de Miguel de Cervantes (1547-1616). En él, Sancho Panza vende su asno y poco tiempo después, sigue viajando a lomos del animal. El casco de Don Quijote se hace trizas y sigue inexplicablemente entero en el capítulo siguiente. Ambos personajes cenan dos veces en una noche y Sancho saca dineros de un monedero que había perdido con anterioridad. En la novela de aventuras *Robinson Crusoe*, de Daniel Defoe (1660-1731), el protagonista, tras naufragar y llegar a una isla, se desnuda completamente y nada hasta los restos del buque, encallado junto a la playa. Una vez allí, recoge diversos objetos del barco y se los guarda en los bolsillos.

EL FABRICANTE DE AUTORES

Entre los casos curiosos de falsificaciones literarias está el del autor italiano Giovanni Annio de Viterbo (1432-1502) quien, por motivos que no son conocidos, escribió una colección de historias de Roma y de comentarios, atribuyéndolos a historiadores desconocidos, cuyos nombres eran reales y figuraban mencionados en otros libros, pero de los que no quedaba en realidad ningún escrito. Tenía tan buena reputación que todo el mundo creyó sus falsificaciones y se citó generalizadamente a los autores que Annio se había inventado.

LIBROS HERÉTICOS

Comúnmente se cree que el aragonés Miguel Servet (1511-1553) fue quemado en la hoguera por defender su teoría de la circulación pulmonar de la sangre, pero esto es totalmente falso. De hecho, esa teoría ya la había expuesto Ibn al-Nafis en el siglo XIII. Lo que provocó el proceso y la condena a Servet fueron sus obras *De Trinitatis erroribus* [El error de la Trinidad] y *Dialogorum de Trinitate* [Diálogos de la Trinidad], que atacaban al dogma ortodoxo de la Trinidad y que desagradaron por igual a católicos, protestantes y calvinistas, que le acusaron de hereje.

LECTURAS EXCESIVAS

La facilidad actual para leer —abundancia de libros, asequibilidad de los mismos, bibliotecas— hace que se lea demasiado, dijo el pensador José Ortega y Gasset (1883-1955). La comodidad de poder leer muchos libros ha acostumbrado al hombre medio a no pensar por su cuenta y a no reconsiderar lo que lee. Según el creador del raciovitalismo, gran cantidad de los problemas actuales radican en que las cabezas medias estás saturadas de ideas automáticamente recibidas desde los libros, entendidas a medias y desvirtuadas. Para luchar de alguna forma contra esta tendencia recalcó la necesidad de que el oficio de bibliotecario no consistiera meramente en la tarea de conservación y clasificación de los libros, sino que ayudara también al lector a encontrar las lecturas que por su formación, profesión o inclinaciones pudiera necesitar y debiera conocer.

LA INSPIRACIÓN INFALIBLE

El poeta islandés Egill Skallagrimsson (910-980) fue hecho prisionero por su enemigo, el gobernador de York, quien, conociendo su calidad, le exigió que escribiera un magnífico poema en su honor. Le impuso la condición de que, de no completar la obra en el plazo de una noche, a la mañana siguiente sería decapitado. El poeta, ante la muerte inminente, se sintió intensamente motivado e inspirado, por lo que compuso esa noche una gran obra titulada *Haefudlans* [El rescate de la cabeza], que efectivamente le salvó la vida.

EL HOMBRE QUE INICIÓ CHINA

Ch'in Shih Huang Ti (259-210 a. de C.) ha pasado a la historia como el emperador que unificó los territorios de la China y, por esta razón, es de importancia capital en la historia de su patria. Pero Huang Ti odiaba la literatura y muy especialmente la poesía. Uno de sus primeros edictos de emperador ordenaba quemar todos los libros de ficción y de historia existentes en el país. Su propósito era que, al perderse la información sobre todo lo acaecido anteriormente, la historia conocida de China comenzara con él. La orden no fue recibida con agrado, aunque la guardia imperial trató de cumplirla a rajatabla y sin compasión. Los que ocultaron libros fueron ajusticiados y muchos eruditos se dedicaron a memorizar antiguos libros —entre ellos los del filósofo Confucio— para así poder legarlos a la posteridad. De esta manera muchos volúmenes se salvaron de la destrucción.

EL SANTORAL DE LA CULTURA

Partiendo de la premisa de que las gestas intelectuales tenían un valor muy superior a las de la fe y la religiosidad, varios filósofos positivistas ingleses redactaron en 1892 el llamado *The New Calendar of Great Men* [Nuevo calendario de los grandes hombres], basándose en las ideas de Auguste Comte (1798-1857). Este libro no era sino un diario santoral, en el que se reemplazaban los nombres de los santos por el de aquellos científicos o artistas que hubieran contribuido al avance de la civilización. De esta manera, Gutemberg, Newton, Leonardo, Mozart o Shakespeare pasaron a ser los patrones protectores de algunos días concrctos dcl año.

EL LECTOR ADECUADO

Es interesante mencionar que los cuentos del danés Hans Christian Andersen (1805-1875) fueron en su día recibidos con críticas muy desfavorables. Sus obras —hoy consideradas clásicas en el mundo de la cuentística mundial— fueron censuradas y criticadas, por considerárselas muy perjudiciales para la mente y, sobre todo, de una temática muy inadecuada para los niños.

UNA DISPUTA POR EL IDIOMA

Los conflictos generacionales pueden recrudecerse por multitud de razones, aunque algunas de ellas puedan ser un tanto insólitas. El autor belga Hendrik Conscience (1812-1883) publicó en 1837 un libro en su idioma natal, el flamenco. Sin embargo, su padre –de origen francés y furibundo partidario de Napoleón–, se enojó tanto ante esta postura idiomática de su hijo, que le expulsó de su casa y le desheredó.

UNA DEDICATORIA INEFICAZ

El sabio astrónomo Copérnico (Nikolaus Koppernigk, 1473-1543) expuso su innovadora teoría del heliocentrismo en un volumen titulado *De Revolutionibus Orbium Coelestium* [Las revoluciones del orbe celeste]. Ésta era, indudablemente, la obra de su vida y el autor se la dedicó al papa Pablo III. Pero este gesto no le valió absolutamente de nada, puesto que la obra fue considerada perniciosa y pasó a formar parte del famoso Índice de libros prohibidos por la Iglesia.

EL SECRETO DE LA PERFECCIÓN

Es bien conocida la anécdota de que el orador griego Demóstenes (384-322) se introducía guijarros en la boca para mejorar su dicción, ya que tenía tendencia a tartamudear y no podía pronunciar correctamente la letra 'p'. Pero el gran orador tenía, además, problemas de escritura y una ortografía deficiente. Decidido a acabar de una vez por todas con estas dificultades que le impedían escribir adecuadamente, tomó una resolución y se decidió por el drástico procedimiento de copiar íntegramente ocho veces la ingente obra *De bello Peloponensio* [Historia de las guerras del Peloponeso] de Tucídides. Al finalizar su tarea, dominaba perfectamente el arte de la escritura y la redacción.

EL VALOR DE UN EXPERTO

El emperador romano Domiciano (Titus Flavios Domitianus, 51-96) fue un gran patrón de las artes y el instaurador de los denominados Juegos Capitolinos, que incluían como parte importante de los mismos diversos concursos literarios. Además, fue un prolífico escritor de poesía. Sin embargo, quiso descollar también en el terreno científico con un tratado técnico sobre la caída del cabello, aspecto en el que pretendía ser una autoridad. Lamentablemente para su credibilidad, a los dos años de la aparición de esta obra, el emperador estaba ya totalmente calvo.

DISOCIACIÓN CREATIVA

A veces pensamos que la creación literaria es un proceso de concentración y de inspiración y que, para poder escribir, es necesario un estado de ánimo específico acorde con el género y el contenido de la obra que se lleva a cabo. Ejemplo muy claro de la falsedad de esta noción lo tenemos en Fiodor Mijailovich Dostoyevski (1821-1881), quien trabajó simultáneamente en la elaboración de dos de sus novelas —*Igrok* [El jugador], de tema humorístico y satírico, y *Prestupleniye i nakazaniye* [Crimen y castigo], uno de los dramas más sobrecogedores e intensos de su tiempo—. A decir de sus biógrafos, destinaba la mañana a trabajar en una obra y, por la tarde, se dedicaba a escribir la otra.

LA BIBLIA EN VERSO

Esta expresión, que ha pasado al habla coloquial, tiene una base verdadera, pues un autor español se decidió a emprender la ingente tarea de poner en verso las Sagradas Escrituras. Se trata de José María Carulla (1839-1912), autor asimismo de traducciones en verso de la *Divina commedia* de Dante Alighieri y de la *De Imitatione Christi* [Imitación de Cristo], de Thomas de Kempis. Su versión rimada de la Biblia era de deplorable calidad y fue objeto continuo de las burlas de sus contemporáneos. Se publicó en la revista católico-carlista *La Civilización* y no tuvo ningún éxito. Su autor intentó en vano que el gobierno adquiriera la obra y, finalmente, envió 200 ejemplares al papa León XIII. Éste, en premio a su labor, le condecoró con la cruz «Pro Ecclesia et Pontifice».

LAS CRUELES EDITORIALES

Muchas personas que desean convertirse en escritores profesionales se quejan –con razón– de la falta de flexibilidad de las editoriales, reacias muchas veces a publicar obras de autores desconocidos. Todas ellas deberían conocer lo sucedido con los famosos cuentos de hadas de Hans Christian Andersen (1805-1875), reputado hoy como un maestro del género de literatura fantástica infantil. Andersen llevó los manuscritos de sus narraciones a absolutamente todas las editoriales de Copenhague y éstos fueron rechazados sin excepción y sin ni siquiera una palabra de aliento. Convencido del valor y la calidad de sus cuentos, el escritor se decidió a pagar de su propio bolsillo la primera edición de su libro.

LA ENCICLOPEDIA DEL MUNDO ANTIGUO

El primer hombre del que se tiene noticia que emprendió materialmente la aventura enciclopédica, en realidad, fue Asurbanipal, rey de muchos pueblos y soberano ilustrado del país de Asur, que reino desde el 668 al 631 a. de C. y al que se conoce también como Sardanápalo. La suma de los conocimientos que recopiló venía encabezada por estas palabras suyas:

«Yo, Asurbanipal, he leído todos los escritos que los príncipes, mis predecesores, habían acumulado. [...] He recogido estas tablillas, las he hecho transcribir y, una vez coleccionadas, las he marcado con mi nombre, para conservarlas en mi palacio.»

LA OBRA MÁS LENTA

Se dice que Johann Wolfgang von Goethe (1749-1832) tardó sesenta años en acabar su famosa obra *Fausto*, que corrigió una y otra vez. Sin embargo ha habido libros de más larga elaboración. La obra que más ha tardado en ser redactada ha sido el *Deutsche Wörterbuch*, un diccionario enciclopédico alemán. Consta de 33 volúmenes y 34.519 páginas. Lo comenzaron a escribir Jacob Ludwig Grimm (1785-1863) y Wilhelm Karl Grimm (1786-1859) en 1854 y lo finalizó un grupo de académicos en 1971, lo que da un total de 117 años.

EL PRECIO DE LA PALABRA

Los versos del poeta chino Li Tai-Po (701-762) fueron tan celebrados en la corte que se cuenta que el emperador mismo le sostenía el tintero y le escanciaba vino cuando el vate escribía. De hecho, Tai-Po era muy aficionado a la bebida y sus mejores composiciones las redactó en estado de embriaguez. El emperador premió a su poeta preferido de una manera muy ingeniosa: aparte del dinero que le ofreció, le entregó una orden con su sello real que obligaba a los comerciantes de todos los rincones de su reino a ofrecer vino gratuitamente a Tai-Po.

AHORRAR PUNTOS

Una tendencia considerada «original» por algunos críticos literarios (y por escritores afanosos de ganarse el aprecio de dichos críticos) ha sido la redacción de novelas sin ninguna clase de puntuación, en donde las descripciones de sucesos, los diálogos de los personajes y lo que éstos piensan se mezclan y confunden en una prosa continuada, de lectura extremadamente ardua. El libro más largo escrito en esta especie de experimento lingüístico es la obra *Bramy raju* [Las puertas del Paraíso] , del escritor polaco Jerzy Andrzejewski (1909-1980). Es una novela sobre la cruzada de los niños y sus primeras 40.000 palabras no tienen ningún signo de puntuación.

EL MANUAL DE INQUISIDORES

En 1484 el papa Inocencio VIII inició una campaña contra las brujas y comenzó a perseguir a personas acusadas de dedicarse a hacer encantamientos, publicando una bula —*Summis Desiderantes*— en la que se lamentaba del auge de la brujería en sus tiempos. Esta actitud se formalizó y en 1486 apareció el primer libro de texto sobre el tema: el *Malleus maleficarum* [Martillo de las brujas]. Éste era un verdadero manual para inquisidores, en donde se hablaba de la maldad de estos seres, se describían sus actividades y se daban las normas y las técnicas para combatirlos. Tanto católicos como protestantes aceptaron literalmente esta guía sobre satanismo, que se reeditó continuadamente durante los siglos XVI y XVII.

EL POEMA MÁS LARGO DEL MUNDO

Se trata de la epopeya india titulada *Mahabharata* [La gran India], que cuenta la historia de dos facciones de una estirpe que combaten por el dominio de un reino en la India del norte. El poema está compuesto por 110.000 dísticos, o sea, 220.000 versos de perfecta elaboración (una longitud cuatro veces mayor que la Biblia, y ocho veces superior a la *Ilíada* y la *Odisea* juntas). Se redacto entre los siglos V y II a. de C. El poema es el fruto de la labor combinada de varias generaciones de poetas y compiladores que, escribiendo bajo el mismo nombre de Vyasa, recopilaron e insertaron en el poema toda clase de leyendas, mitos y tradiciones del país.

EL PAÍS DE LAS ERRATAS

El libro devoto *Missae ac Missalis Anatomia* [Anatomía de la misa y de los misales], aparecido en 1561, ha pasado a la historia como el libro peor compuesto del que se tiene noticia, a juzgar por su elevado número de errores tipográficos. El volumen consta de 157 páginas… más 15 páginas de fe de erratas, todo un récord. Su autor quiso conservar el anonimato y pretendió justificar el pésimo resultado de su trabajo afirmando que el mismo Satanás había arrojado agua sobre el manuscrito, produciendo borrones que llevaron a su vez a erratas en la composición del libro.

LA FÁBRICA DE NOVELAS

Giovanni Papini (1881-1956), en su original obra *Il libro nero* [El libro negro], nos habla de una ficticia empresa, denominada Novel's Company Ltd. –de la que su principal personaje, el excéntrico millonario Gog, es accionista– y que se dedica a la elaboración en serie de novelas. Describe diversas secciones en las que varios especialistas se dedican por separado a crear «tipos» interesantes, describir paisajes, elaborar diálogos, contar peripecias, etc., todo ello bajo la supervisión de un redactor experimentado que, después, une y cohesiona las diversas partes del todo para conseguir el producto final. Esta «original» idea parece meramente un pintoresco juego dc la imaginación, pero el caso es que el famoso novelista francés Alexandre Dumas (1802-1870), tenía algo parecido a este taller de novelas de fórmula, en donde «negros» literarios trabajaban para él por un sueldo mísero y la comida.

LOS LIBROS MÁS HUMANOS

En cierto sentido, pueden considerarse como tales aquellos que tienen partes del ser humano en sí. Es famoso el ejemplo de una autobiografía de un asesino estadounidense que encuadernó volúmenes de su obra con piel humana. Pero estas prácticas no siempre tienen una causa patológica. La devoción desmedida puede conducir también a estos extremos. En el monasterio budista de Taksang, en Bhután, existe un libro de páginas negras, escrito con una tinta blanca elaborada con los restos calcinados de los huesos de un *lama* o maestro religioso, por el que sus discípulos sentían gran veneración.

EL DESORDEN ALFABÉTICO

La costumbre de ordenar las enciclopedias con arreglo a las letras del alfabeto en el que se escribe nos puede parecer hoy en día algo muy obvio y práctico. No siempre ha sido así. En la antigüedad, los libros de recopilación de información no tenían entradas independientes, sino que venían ordenados por tamaños, según la fecha de adquisición o, más generalizadamente, de manera temática. Un buen ejemplo sería el volumen enciclopédico titulado *Kitab uyun al Akhbar* [Fuentes de historias] del árabe Abd Allah Ibn-Qutayba (828-889), que clasifica los temas en orden decreciente de importancia. Empieza con Dios, el linaje de los reyes y la nobleza —supuestamente lo más esencial que ha de conocerse en el universo— y acaba con lo más inferior, a su modo de ver: la comida y las mujeres. El orden alfabético que conocemos no se comenzó a emplear hasta el año 1000 aproximadamente y, siglos después, siguió siendo un procedimiento no aprobado por todos, como es el caso de Samuel Taylor Coleridge (1772-1834), que protestó del empleo del orden alfabético por parte de los enciclopedistas franceses de la Ilustración.

EL LIBRO QUE ES DIOS

En la tradición musulmana el Corán –denominado Al Kitab («El Libro» por excelencia)– no es meramente una escritura sagrada, ni siquiera la más sagrada de todas o la única. Es uno de los atributos de Dios, como su gracia, su misericordia o su ira. No es, por tanto, una obra de la divinidad, sino que participa de su substancia. Allah guarda en el cielo el texto original o Madre del Libro (la «escritura matriz»).

UN PUENTE DE LIBROS

Cuando los mogoles asaltaron y destruyeron Baghdad en el 1258, no dudaron en saquear la biblioteca de la ciudad, famosa en toda la región y que había sido fundada por la dinastía de los Abásidas. En su afán por destruir la obra de esta estirpe quisieron prender fuego a la biblioteca en primera instancia. Pero, ante el riesgo de que el fuego se propagara a otros edificios de la ciudad, decidieron destruir los libros de otra manera y comenzaron a arrojar los volúmenes al río Tigris. Los libros eran tantos que formaron un verdadero dique, por el que se podía cruzar el río a pie o a caballo.

LA ADIVINACIÓN POR LOS LIBROS

Esta práctica recibe el nombre de 'bibliomancia' y consiste en abrir un libro al azar y considerar el sentido literal o metafórico de lo leído como designio divino. Generalmente se hace con la Biblia, aunque esta costumbre ha sido condenada en diversos Concilios. El origen de esta forma de adivinación del futuro se remonta a Grecia y Roma en donde era muy habitual. Se empleaban las obras de los autores más reputados y así, según el autor empleado se hablaba de *sortes homericae*, *sortes virgilianae* o *sortes euripidianae*, según se emplearan los textos de Homero, Virgilio u Horacio.

ANÓNIMOS FAMOSOS

Esta paradoja se da frecuentemente en las enciclopedias. El elevado número de entradas de algunas de ellas impide que se conozca al autor, generalmente por razones de espacio y por la autoría múltiple. A lo sumo conocemos las iniciales del redactor de un artículo particular. Por ello, muchas veces se ignora que personas famosas —no siempre literatos de profesión— han contribuido substancialmente a la elaboración de estas obras. Lenin fue autor de diversas entradas en varios libros y en la *Enciclopedia italiana* el artículo sobre fascismo fue redactado ¡por el propio Mussolini!

LOS ESCUCHADORES PROFESIONALES

Las ediciones piratas de libros han existido siempre. Un librero desaprensivo se hacía con un ejemplar de una novela e imprimía copias que vendía sin derecho a ello y sin pagar al autor por su trabajo. Esta forma ilegal de comercio parecía imposible de controlar y especialmente en el siglo XVI tal práctica aumentó. Había, sin embargo, un género que era más difícil de copiar: el teatro. La razón es que no solían circular copias manuscritas de las obras que se representaban. Entonces, los libreros llevaron a cabo una iniciativa singular: pagaron grandes cantidades a «memorizadores» profesionales que asistían a las funciones de teatro y, dividiéndose los fragmentos de la obra, la aprendían en varias audiciones, transcribiéndolas luego y permitiendo así su publicación ilegal. Los resultados estaban, obviamente, llenos de errores, pero eran suficientes para unos lectores poco exigentes, proporcionando grandes beneficios a algunos libreros. En 1597 John Danter consiguió publicar de esta manera una versión «escuchada» de *Romeo and Juliet* [Romeo y Julieta] de William Shakespeare.

TERMINOLOGÍA PREDICTIVA

La «bomba atómica», como concepto y como expresión, tiene un origen literario. La definió y describió el novelista estadounidense Herbert George Wells (1866-1946) en su novela *The World Set Free* [Mundo liberado], escrita en 1914, en la que se describía un arma que funcionaba mediante la fisión del átomo.

EL INVENTO DE LA TRADUCCIÓN SIMULTÁNEA

El concepto de interpretación simultánea que se emplea hoy en la ONU. y en todos los organismos internacionales ya existía en la España del siglo XIV. Era el método empleado en la Escuela de Traductores de Toledo para conseguir mayor rapidez en las versiones a otras lenguas. En el centro de una sala circular, provista de diversas escribanías, se colocaba el lector, que iba dictando en voz alta el libro a traducir. Cinco o seis expertos en diversas lenguas traducían sobre la marcha lo que escuchaban y, así, cuando se finalizaba, existían versiones en todas esas lenguas. Era el mismo procedimiento del sistema de escribanías públicas romanas, donde de esta manera se hacían copias de los libros.

CÓMO HACERSE RICO

El secreto, al parecer, no consiste en escribir mucho, ni siquiera en escribir bien, sino en escribir precisamente lo adecuado en un momento concreto. El comediógrafo francés Alain-René Lesage (1668-1747) compuso una comedia satírica titulada *Turcaret*, en donde criticaba y ridiculizaba a los financieros y banqueros franceses de su época. La pieza era tan extremadamente hiriente y eficaz en su crítica que éstos ofrecieron al autor una gran cantidad de dinero para que no la hiciera representar.

LOS PADRES DE LA CENSURA

Concretamente en España, los iniciadores de la censura literaria fueron los Reyes Católicos, que dictaron una Pragmática en 1502 prohibiendo algunos libros, por considerarlos improcedentes y perniciosos. El humanista Elio Alonso de Nebrija (1441-1522), de mentalidad más abierta y avanzada, quedó muy sorprendido por la posibilidad de que un libro pudiera prohibirse y protestó airadamente, aunque sin lograr resultado positivo alguno. En 1543 la Santa Inquisición prohibió la impresión y venta de libros sin su permiso explícito. Pocos años más tarde, en 1559, apareció el *Index Librorum Prohibitorum* [Índice de libros prohibidos], donde se listaban las obras prohibidas y perseguidas por la Iglesia.

LA PROFECÍA CUMPLIDA

Lo creamos o no, existen novelas proféticas. En el año de 1898 el estadounidense Morgan Robertson (1861-1915) publicó una novela titulada *The Titan* [El Titán] sobre un trasatlántico de lujo del mismo nombre. En ella sucedía punto por punto lo que catorce años más tarde, en 1912, acontecería en el *Titanic*: el barco llevaba a cabo su primer viaje, contenía la crema de la aristocracia, en una noche de niebla chocaba contra un iceberg, no se tenían bastantes botes salvavidas y el navío se hundía en medio del Atlántico.

LOS ERRORES DE LOS SABIOS

Supuestamente, los libros que menos errores deben incluir son aquellos que tratan de ciencias exactas, más concretamente de matemáticas. En efecto, una letra mal colocada en una novela no afecta al final de la misma, mientras que un número equivocado puede desvirtuar totalmente una ecuación. Pero no siempre los matemáticos consiguen la perfección. Mucho peor es cuando los errores son intencionados, algo increíble, pero verídico. El caso es el del tratado *De sphaera et cylindro* [De la esfera y el cilindro] de Arquímedes (287-212 a de C.), en el que el célebre matemático incluyó deliberadamente diversas proposiciones erróneas con un doble propósito: confundir a sus competidores y atrapar a los que quisieran hacer pasar esos postulados matemáticos como suyos.

LA CLAVE DEL ÉXITO

Muchas veces la publicación o difusión de un libro se deben a las causas menos merecedoras de reconocimiento. Ludovico Ariosto (1474-1533) pasó veintiséis años de su vida dedicado a la elaboración de su espectacular poema épico *Orlando furioso*, considerado como una obra maestra. La publicación del libro dependía del mecenazgo del cardenal Ippolito d'Este, a quien no le gustó en absoluto la obra. «¿De dónde habéis sacado tantos absurdos?», llegó a preguntar a su autor. Sin embargo, la elogiosa dedicatoria que Ariosto le había escrito sí agradó plenamente al cardenal, quien, por sólo este motivo, patrocinó la publicación.

ESCRIBIR SOBRE LO IGNORADO

Es de sentido común que no deben escribirse libros sobre aquellas materias que se desconocen. A este respecto, es divertida la historia de lo que le sucedió al poeta italiano Giovanni Augurelli (1441-1524), quien compuso un tratado científico en verso, titulado *Chrysopoeia*, sobre el arte de la alquimia, explicando el procedimiento para transformar los metales en oro. El autor dedicó su libro al papa León X y confió en recibir una amplia recompensa por su trabajo. El Pontífice, tras leer detenidamente la obra, le envió a su autor una saca llena de fragmentos de metal.

LA INSPIRACIÓN HÚMEDA

Maxwell Anderson (1888-1959) fue un dramaturgo estadounidense cuyos procedimientos de creación se hallaban sujetos a una caprichosa ley: sólo podía escribir coherentemente cuando llovía. Tras el estreno de su obra *Elizabeth the Queen* [La reina Isabel] en 1930 fue preciso hacer algunas rectificaciones, pero el autor se sintió incapaz de llevarlas a cabo porque el tiempo era muy seco. Días después, una lluvia torrencial le permitió volver a escribir los fragmentos necesarios, que el empresario del teatro y los actores esperaban ya con impaciencia. Para que no le volviera a suceder algo parecido, mandó instalar en su casa de Nueva York un sistema de regadío en su tejado, controlable a voluntad, para poder escuchar el ruido de la lluvia cuando quisiese escribir.

LA PEOR PROFESIÓN

La actividad del escritor no parece haberse considerado siempre con seriedad. La mayoría de los grandes literatos tuvieron que dedicarse a otros oficios para poder sobrevivir. Además, ni siquiera se consideraban puramente literatos. Éste es el caso de Shakespeare, que se consideraba a sí mismo como actor y que nunca dejó de actuar en obras de Ben Jonson y de otros autores del momento.

LOS CULEBRONES DEL PASADO

Con el auge de los folletines por entregas del romanticismo se desarrolló el arte de alargar las historias y aprovechar de esta manera el encariñamiento de los lectores con los mismos personajes, el principio que rige las telenovelas actuales. Es interesante señalar que el récord de tales obras lo ostenta un escritor japonés, Kyokutei Bakin (1767-1848). Suya es la novela más larga conocida, titulada *Nanso Satomi Hakkenden* (Las biografías de ocho perros), que consta nada menos que de 106 volúmenes.

LOS VERSOS SALVADORES

Bilhana fue un famoso autor indio del siglo XI, poeta en la corte del rey de Cachemira. Según cuenta la historia, se enamoró de la princesa y, tras ser descubierto en su compañía, fue encarcelado y condenado a muerte. Estando en prisión compuso una renombrada obra amorosa de marcado tinte erótico, *Chaurapañchashika* [Las cincuenta estrofas de la voluptuosidad], en donde se reafirmaba en su amor por la princesa. Mientras aguardaba a que se llevase a efecto la ejecución, se dedicó a recitar fragmentos de su composición. Los carceleros comunicaron esto al rey, quien bajó en persona a las mazmorras para escuchar a Bilhana. El monarca quedó tan conmovido por la belleza y el sentimiento de los versos que no sólo le perdonó la vida al poeta, sino que le concedió también la mano de su hija.

LA GLORIA LITERARIA

No todo el mundo que escribe quiere ser famoso, en contra de lo que generalizadamente se cree. Prueba fehaciente de ello es el elevado número de obras anónimas que existen y todas las aparecidas bajo un pseudónimo. El más común en las literaturas europeas, en diferentes lenguas, es el de «Una dama», bajo el que aparecen literalmente miles de obras.

VESTIRSE PARA LA CENA

Henri-François Daguesseau (1668-1751) fue un político y autor francés, a quien sus obligaciones en la Corte no dejaban bastante tiempo para dedicarse a la escritura. Sin embargo, observó que su esposa llegaba siempre unos diez minutos tarde a la cena, tiempo que empleaba en vestirse y acicalarse. Como no pudiera corregir esta costumbre de su esposa, a pesar de haber insistido mucho, Daguesseau decidió aprovechar tales lapsos de tiempo y, durante dos años, empleó esos diez minutos en redactar un libro. De esta manera consiguió componer una obra titulada *Instruction à mes enfants* [Enseñanzas a mis hijos], en tres volúmenes que, tras ser publicada, se convirtió en un gran éxito de ventas.

LOS *WORSE SELLERS*

Los autores noveles pueden sentirse acomplejados por el reducido número de las ventas de sus obras. Pero también los escritores de renombre han pasado muchas veces por el mismo suplicio y han producido *worse sellers*, o sea, 'libros peor vendidos'. El primer libro de Alexandre Dumas (1802-1870), *Nouvelles contemporaines* [Novelas contemporáneas], aparecido en 1826, tuvo que financiárselo él mismo. De él se imprimieron mil escasos ejemplares de los que solamente se vendieron cuatro, todos ellos a amigos íntimos del autor.

EL PRÉSTAMO DEL NOMBRE

Paul Meurice (1820-1905) fue un oscuro escritor francés del siglo XIX, que tenía grandes dificultades para publicar sus escritos. Además, deseaba contraer matrimonio y no contaba con los fondos suficientes para sufragar los gastos de la boda. Intentó vender el manuscrito de su obra *Les deux Dianes* [Las dos Dianas] a diversos editores, sin ningún éxito. Entonces recurrió a su amigo Alexandre Dumas, al que pidió «prestado» su nombre. Por la razón que fuere, Dumas accedió y la obra se vendió como si Dumas la hubiera escrito, por el precio de 30.000 francos, una cantidad exorbitante para la época. Meurice se quedó con el dinero (y la dama, puesto que se casó) y para Dumas fue la gloria de una novela que no desmerecía en absoluto de las suyas.

EL TEÓLOGO INCONSECUENTE

No hay que hacer mucho caso de los libros que se escriben sobre Dios, porque puede ser que el mismo que nos quiere convencer no esté muy convencido él mismo. El rey Enrique VIII de Inglaterra compuso un tratado escolástico titulado *Assertio septem sacramentorum* [Aserción de los siete sacramentos], en donde atacaba las tesis de Lutero y afirmaba su lealtad al Papa, por lo que recibió de éste el título de «Defensor de la fe». Diez años después, el rey rompió con la Iglesia católica romana y estableció la Iglesia de Inglaterra.

LA NOVELA POR APUESTA

Muchas obras se han elaborado en muy poco tiempo, con mayor o menor fortuna. Una de las más notables es *Le chevalier de Maison-Rouge* [El caballero de la Casa roja] de Alexande Dumas (1802-1870), que fue el fruto de una apuesta. Un amigo de Dumas le retó a que escribiera un libro en un máximo de tres días y el autor respondió redactando esta obra en poco más de setenta y dos horas.

CLARAS PRIORIDADES

Las inmensas posibilidades que nos ofrece la sociedad de consumo pueden hacernos dudar de nuestros gustos a la hora de adquirir objetos. Pero esto no le ha sucedido a todo el mundo. El filósofo humanista Desiderio Erasmo de Rotterdam (1466-1536) tuvo siempre muy claras sus prioridades. En cierta ocasión, confesó a un amigo: «Cuando tengo poco dinero, compro libros con él. Si tengo algo más, entonces me compro también comida y ropas».

EL LIBRO SALVADOR

Las obras de Eurípides (484-¿406?) tuvieron tanto renombre y prestigio en la antigua Grecia que, en muchas ocasiones, se dejaba en libertad a los prisioneros que supieran recitar de memoria fragmentos de ellas. La historia cuenta que en el año 404 a. de C., cuando los espartanos atacaron Atenas, sus generales perdonaron la vida a muchos vencidos porque uno de ellos recitó a la perfección un fragmento de los coros de la tragedia *Electra*.

EL POEMA MÁS RENTABLE

La composición poética mejor pagada de la historia es el *Shah-nama* [Libro de los reyes], escrita por *Firdausi* (Abul Qasim Mansur, 935-1020) para el sultán Mahmud, en el siglo X. Mahmud ofreció un dinar de oro por cada verso, pero pagó una cantidad mucho menor, que *Firdausi* regaló a sus sirvientes, al abandonar la corte. Años más tarde, el sultán, arrepentido, envió el resto del dinero prometido por medio de un enviado. Cuando éste llegó para entregar la suma, se cruzó con el cortejo fúnebre del famoso poeta.

EL LIBRO DE PIEL

En cierta ocasión, el astrónomo francés Camile Flammarion (1842-1925) elogió la belleza de la piel de una joven condesa. Ésta murió al poco, víctima de la tuberculosis, pero se acordó de las bellas palabras de Flammarion y ordenó que se emplease su piel para encuadernar un ejemplar del libro *Terres du ciel* [Tierras del cielo, 1882], que le hizo llegar a su admirador.

UN PRECIO MUY ALTO

No es sensato emplear la literatura para criticar a los reyes. Francisco de Quevedo (1580-1645) fue enviado a prisión por su famoso *Memorial sobre las costumbres de los castellanos*, contra la política de Felipe IV. En otros lugares, el castigo por delito semejante llegó a ser más cruel. El poeta persa Amra Taraja (*circa* 570) fue enterrado vivo porque uno de sus grandes poemas incluía una única estrofa de crítica a su soberano.

LIBROS PRESTADOS

Algunos autores han expresado su opinión sobre este aspecto tan curioso de la vida social y que afecta tan directamente a los beneficios económicos de los autores. Anatole France (Anatole-François Thibault, 1844-1924) aconsejaba a sus contemporáneos que no prestasen sus libros bajo ningún concepto, pues la gente nunca los devolvía. Él mismo se incluía en esta categoría, pues afirmaba que todos los libros que poseía eran de sus amigos. Enrique Jardiel Poncela (1901-1952), por el contrario, aconsejaba prestar los libros a los amigos, pues así, al no ser éstos devueltos, el poseedor original se veía en la necesidad de comprar otro ejemplar.

LOS DESTRUCTORES DE LIBROS

Sigmund Freud (1856-1939) sufrió persecución por sus avanzadas teorías y vio como la Alemania nazi quemaba sus libros, por considerarlos en extremo perniciosos. Sin embargo, supo ver la paradoja que esto constituía y, en una carta a su discípulo americano Ernest Jones, explicaba, no sin humor, lo siguiente: «Se ha hecho mucho progreso en todos estos siglos. Es verdad que ahora se están quemando mis libros, pero si yo hubiese vivido en la Edad Media... me habrían quemado a mí.»

EL BIBLIOTECARIO INMORAL

En la actualidad existe una clase muy curiosa de librerías: son las denominadas «librerías feministas», donde únicamente se venden libros escritos por mujeres. Esta discriminación sexual recuerda lo sucedido a la condesa de Genlis (Caroline-Stéphanie-Félicité Du Crest, 1746-1830), quien contrató a un bibliotecario para que ordenase sus libros. Al percatarse de que éste había colocado juntos en los estantes los libros escritos por hombres y por mujeres, se consideró ofendida por una conducta tan inmoral y le despidió de inmediato.

UNA BELLA LEYENDA

La historia de cómo se le ocurrió a Gutenberg el empleo de tipos móviles para imprimir está rodeada de poesía. Según cuenta la leyenda, un sacristán amigo suyo, Lorenz Coster, estaba enamorado de una joven y grabó con un cuchillo la inicial de su amada en un árbol. La talla de la letra le gustó tanto que separó del árbol el trozo de corteza en donde se hallaba y lo envolvió en un pergamino para entregárselo. La resina marcó en el pergamino la forma de la letra y éste fue el origen de la idea que revolucionaría las técnicas de impresión de la Europa del tiempo.

EL HOMBRE DE UN SOLO LIBRO

Cave ab homine unius libri, («Cuidado con el hombre de un solo libro»), dice el adagio latino. Y esto probó ser cierto en el caso de un gobernador del estado de Virginia, Sir William Berkeley, persona muy apegada a la Biblia. En un exceso de puritanismo, en 1670, se manifestó públicamente en contra de la cultura e hizo la siguiente afirmación: «¡Gracias a Dios que aquí no hay escuelas ni imprentas! El saber ha traído al mundo la desobediencia y la herejía, y la imprenta las ha propagado.»

LOS PERSONAJES DE CARTÓN

En algunas novelas el número de personajes que aparece es tan elevado que el lector medio tiene verdaderas dificultades para recordarlos todos. Pero eso le puede suceder incluso a su autor. El folletinista francés Pierre Alexis Ponson du Terrail (1829-1871), autor de la famosa obra de aventuras *Rocambole*, tuvo problemas durante su redacción para recordar a sus criaturas, pues eran nada menos que 282. Ideó entonces el procedimiento de hacer muñecos de cartón que representaran a los personajes, para tenerlos a la vista mientras escribía. Cuando hacía morir a alguno de esos personajes, metía al muñeco correspondiente en una caja para no confundirse. Pero este procedimiento también era falible, pues en más de una ocasión se olvidó de guardar a algún personaje muerto y, al cabo de varios capítulos, lo volvía a hacer aparecer por error, como puede observarse en una lectura detallada de la novela.

MEJOR LA FICCIÓN

La novela de Frederick Forsyth (1938-) *The Dogs of War* [Los perros de la guerra] nos cuenta la manera en que un grupo de mercenarios derroca a un régimen político africano. Su autor vivió en realidad algo semejante a la trama argumental de su libro, pues intentó hacer caer al gobierno de Guinea Ecuatorial, secuestrando a su presidente. La diferencia entre realidad y ficción es que en la vida real Forsyth no consiguió en absoluto su objetivo, pero hizo que el protagonista de su obra, en cambio, lo lograra plenamente. Éstas son las ventajas que tiene la ficción sobre la realidad.

¿CANTIDAD O CALIDAD?

En nuestro mundo actual, afortunadamente, los libros son comparativamente muy asequibles y accesibles. Cualquier ciudadano medio europeo puede tener en su casa fácilmente varios cientos o incluso algunos miles de títulos. Cabe preguntarse si esto ayuda realmente a la cultura y al progreso, cuando se considera que la biblioteca de Leonardo da Vinci (1452-1519) –considerado uno de los grandes genios de la humanidad– sólo contenía 37 volúmenes.

EL PODER DE LAS PALABRAS

Una cuestión interesante que se puede plantear es la siguiente: ¿Son los autores totalmente responsables de lo que escriben? El influjo de los libros puede ser devastador. Tómese como ejemplo la obra *Die Leiden des jungen Werthers* [Las desventuras del joven Werther] de Johann Wolfgang von Goethe (1749-1832), que se narra el suicidio del protagonista, y que hizo que muchos jóvenes le emularan, para desesperación del autor.

MENTIRAS IMPRESAS

A la hora de exaltar la propia importancia, muchos imperios no han dudado en faltar a la verdad. Tal el es caso de Inglaterra, quien difundió en sus colonias informaciones geográficas totalmente falaces. De ellas nos habla Jules Verne (1828-1905) en su novela *Les enfants du capitaine Grant* [Los hijos del capitán Grant], mencionando libros de texto usados en Nueva Zelanda y Australia, en donde las proporciones de las Islas Británicas son desmesuradas y en los que se afirma que la mayoría de los territorios de Europa pertenecen a los ingleses. En el terreno de lo cultural, han existido hasta hace muy poco en la India –colonia británica hasta 1947– libros de conocimientos generales en los que se presentaba como autores «ingleses» a pensadores y escritores como Platón, Dante o Molière.

UNA AUTOCRÍTICA EXAGERADA

No siempre los autores se encariñan con su producción ni están satisfechos con lo que escriben. Nicolai Vasilievich Gogol (1809-1852), el gran narrador ruso, quemó en 1845 la segunda parte de su obra *Mertvyye Dushi* [Almas muertas], por considerarla de escasa calidad. Siguió trabajando en el manuscrito durante mucho tiempo. Siete años más tarde finalizó otra versión de dicha segunda parte... y la volvió a quemar, pues seguía sin satisfacerle.

EL MÉRITO DE LAS LETRAS

La realeza no siempre ha apreciado el mundo de las

letras, pero hay algunas honrosas excepciones a esta regla. Tal es el caso del Emperador Carlos I, quien, en cierta ocasión, tuvo aguardando a gran número de nobles que le visitaban, mientras él departía con el historiador italiano Francesco Guicciardini (1483-1540), famoso por su obra en diez volúmenes *Storia d'Italia* [Historia de Italia]. Cuando se le preguntó el porqué de su actitud, Carlos respondió: «Un hombre de letras como él no surge sino cada veinte años. Y yo, en diez minutos, puedo convertir en nobles a cientos de hombres.»

LA MUERTE POR PERFECCIONISMO

Esto es lo que le sucedió a Carlo Guido (1650-1712), un poeta italiano que tradujo al latín una obra religiosa para presentársela a Clemente XI. El Papa hojeó la obra y señaló que la preposición latina *sine* aparecía mal escrita a lo largo de todo el libro. La sorpresa y la vergüenza del autor fueron tales que sufrió allí mismo un colapso que provocó su óbito.

EL VOLUMEN DECORATIVO

El menosprecio del saber no es algo privativo de nuestra época. En el siglo XI el erudito Al Hadram asistió en Córdoba a la subasta de varios manuscritos raros y muy valiosos. Quiso hacerse con un volumen especial, pero un comprador que pujó más alto se lo arrebató. Después, el rico propietario del libro confesó que se había interesado por él no porque le gustase su autor o le interesase su contenido, sino porque el libro tenía el tamaño justo del hueco que había en sus estantes.

UN COLECCIONISMO CARO

El afán por poseer las primeras ediciones de un libro no es algo nuevo en la historia. Al-Hakam II (913-976), Califa de Córdoba, patrocinó a muchos artistas árabes de la Península y de fuera de ella. Para obtener la primera edición del libro árabe *Kitab al-Aghani* [Libro de canciones], de Abul al-Faraj al Ishbahani (897-967) de Isfahan, el califa pagó la suma de mil dinares de oro, equivalentes a 60.000 euros de la actualidad.

ILUSTRACIONES VERÍDICAS

Por mucha calidad que tengan las ilustraciones a todo color de los libros actuales de zoología, no pueden compararse con la colección publicada por el zoólogo francés Maurice Hammoneau quien, en el siglo XIX, publicó una colección de veintiún libros sobre animales, cada uno de ellos encuadernado con la piel de uno de los que el volumen describía. El mismo autor fue también el cazador de las piezas. La colección incluía asimismo un tomo sobre el ser humano.

RECHAZO POPULAR

El autor noruego Knut Hamsun (1859-1952), ganador del Premio Nobel en 1920, fue muy querido por sus compatriotas. Pero la situación cambió radicalmente cuando Hamsun colaboró activamente con los alemanes durante la ocupación nazi, durante el transcurso de la Segunda Guerra Mundial. Los noruegos manifestaron su censura a esta actitud enviando por correo al domicilio de su autor los volúmenes de sus obras que poseían. Miles de ejemplares llegaron de esta manera a su casa y la oficina de correos encargada de entregárselos tuvo que contratar a más personal.

POESÍA EN LA NATURALEZA

La poesía puede ser una imitación de la naturaleza y estar inspirada por ella. Más raro es que el poeta componga en ella y no para sus contemporáneos. Han-shan, un asceta budista del siglo VIII llevó esta tendencia a su extremo cuando se dedicó a escribir en las rocas y en los troncos de los árboles de un bosque de la provincia de Chekiang, donde vivía en la más absoluta soledad. Afortunadamente, el gobernador de la región supo de esto y mandó a escribanos a copiar los poemas del lugar en el que se encontraban. De esta manera se salvaron 300 magníficas composiciones.

EL ARTE DE MORIR

Existen libros para todos los gustos y sobre todas las ciencias. En 1894 James A. Harden-Hickey, gobernador de Trinidad y Tobago, publicó un libro titulado *Euthanasia: The Aesthetics of Suicide* [Eutanasia: la estética del suicidio], que incitó a la muerte a bastantes personas. En él se describían con detalle muchas técnicas prácticas para el suicidio, incluyéndose noventa tipos diferentes de veneno y hasta cincuenta instrumentos para darse muerte, así como gran cantidad de ilustraciones explicativas para su uso. Años después el autor también se suicidó, eligiendo como mejor procedimiento la sobredosis de morfina.

EL LIBRO SALVADO DE LAS LLAMAS

El poeta romántico alemán Heinrich Heine (1797-1856) era de origen judío y de talante revolucionario, lo que provocó que sus libros fueran prohibidos y quemados durante el período nacional-socialista. Sin embargo, su poema amoroso *Die Lorelei* era una obra tan apreciada por el pueblo alemán que los nazis no se atrevieron a prohibirla ni a destruirla. Lo que hicieron fue listarla como obra anónima y, de esta manera, evitar que fuera quemada junto con otras obras del autor. Sobre la quema de libros, el mismo Heine había afirmado un siglo antes: «Quienes empiezan quemando libros, acaban indefectiblemente quemando también a seres humanos».

EL TÍTULO ORIGINAL

No todas las obras se popularizan por su verdadero título. En muchas ocasiones el lector es quien acaba rebautizando a una obra, como es el ejemplo de *La tragicomedia de Calixto y Melibea*, conocida hoy como *La Celestina*. Más curiosos son los casos en los que el mismo autor ha de cambiar el título elegido por otro más eufónico. La famosa obra de Adolf Hitler *Mein Kampf* [Mi lucha] se titulaba originalmente *Cuatro años y medio de lucha contra las mentiras, la estupidez y la cobardía*.

BIBLIOTRAFICANTES

El tráfico de libros fue un negocio próspero en la España del siglo XVI. Principalmente se introducían clandestinamente en tierras americanas novelas de caballerías, cuya impresión estaba prohibida en el Nuevo Mundo por considerarse perniciosa su lectura. Erasmistas e intelectuales de talla —entre los que se encontraban personalidades tales como Luis Vives, Melchor Cano y Alonso de Venegas— se manifestaron en contra de la publicación de tales libros, a los que denominaban «sermones del demonio». En 1531 la Real Cédula de Ocaña prohibió este tipo de obras en América, para que no pervirtieran la inocencia de los nativos, dando lugar, consecuentemente, al contrabando de novelas, que tuvo lugar de manera masiva.

LOS VERDADEROS ESPECIALISTAS

Los libros religiosos denominados *Vedas* (literalmente 'la ciencia') contienen los principios filosóficos y cosmogónicos de los pueblos arios y han pasado a ser la base metafísica y ética del hinduismo. En un principio de transmitieron oralmente y, para que no se perdiera nada de su contenido, algunas personas de familias especiales se dedicaron a conocerlos de memoria y así poderlos reproducir fielmente. Cada uno de los cuatro libros debía saberse a la perfección y poderse repetir en su orden normal o en sentido inverso, es decir: desde el final hasta el principio. Aún hoy esta tradición perdura en la India y existen familias cuyos patronímicos son Dvivedi ('dos *Vedas*'), Trivedi ('tres *Vedas*') y Chaturvedi ('cuatro *Vedas*'), según el número de libros sagrados que dominasen.

LA FARMACOPEA FALAZ

La historia medicinal de las cosas que se traen de nuestras Indias Occidentales es el título de uno de los libros más perniciosos que se conocen. Es un tratado de medicina, escrito por el español Nicolás Monardes (1493-1588) en 1577, en donde se defendían a ultranza las propiedades curativas del tabaco. Según este médico, el tabaco curaba los dolores de cabeza, de muelas, de estómago, la artritis y hasta el mal aliento. Se podía ingerir en forma de infusión y también en píldoras, como una hierba medicinal. Las opiniones expresadas en este libro perduraron hasta bien entrado el siglo

XVIII y fomentaron en miles de personas la afición a fumar.

EL ESCRITOR IGNOTO

Hay muchas maneras de conservar el anonimato a la hora de escribir. Todos sabemos lo que es un 'pseudónimo' y cómo muchos libros aparecen bajo esta forma de autoría. Pero también nos podemos encontrar con otras variedades menos comunes, como el 'aristónimo', esto es: un título nobiliario con el que se firma (por ejemplo, el marqués de Santillana, el duque de Rivas o lord Byron). Existe también el denominado 'criptónimo', elaborado con las letras iniciales de un nombre y apellido y, menos revelador aún, el 'asterónimo', que es simplemente un conjunto de tres asteriscos a los que precede una inicial (el señor L***).

TÍTULOS EQUÍVOCOS

No siempre los títulos de las obras responden a su contenido, aunque lo ideal sería que éstos nos proporcionaran información sobre algunos de los aspectos que el libro incluye: género, argumento o ambientación geográfica o temporal. Uno de los ejemplos más claros de título impreciso es el de la novela de Alexandre Dumas (1802-1870) *Les Trois Mousquetaires* [Los tres mosqueteros], puesto que es bien patente para todos los lectores que los mosqueteros que la

protagonizan –d'Artagnan, Athos, Porthos y Aramis–
son cuatro.

LOS GRANDES BIBLIÓFOBOS

La destrucción de libros por motivos políticos o religiosos ha sido uno de los deportes más populares en todos los tiempos. El rey Nabonasar (s. VIII a. de C.), fundador del segundo imperio babilónico, hizo desaparecer los libros anteriores a él. Los persas destruyeron los libros de los egipcios, los romanos hicieron lo propio con textos hebreos, los judíos quemaron libros de los cristianos y éstos, los de los paganos. En diversos momentos de la historia, gobernantes como Julio César, Recaredo, el califa Omar, León III, Solimán II, Enrique IV, Cisneros, Napoleón y Hitler provocaron la destrucción de miles de títulos.

EL SENTIDO DE LA ENCICLOPEDIA

La palabra 'enciclopedia', que tan frecuentemente usamos, tiene origen griego. Su etimología deriva de *en* 'en', *kyclos* 'círculo' y *paidea* 'enseñanza', viniendo a significar «el círculo del conocimiento» y usándose para definir el conjunto escrito de todas las cosas. De acuerdo con las normas lingüísticas, la palabra correcta que deberíamos usar sería 'enciclospedia'.

LOS LIBROS HORIZONTALES

Cuando imaginamos una estantería repleta de libros, nos dejamos llevar por la noción visual que tenemos en la actualidad: imaginamos los volúmenes colocados de canto y en posición vertical. Sin embargo, este sistema de almacenamiento es algo muy moderno. Hasta hace pocos siglos la manera de colocar los volúmenes en las estanterías era totalmente distinta. La posición preferida era la horizontal, puesto que de esta manera los textos sufrían menos y así se aprovechaba mejor el espacio de los anaqueles. Además, para que el pergamino estuviese lo suficientemente aireado y libre de insectos, se colocaban los lomos contra el muro y las páginas hacia fuera, por lo que cada libro, para poder ser reconocido con facilidad, tenía que llevar el título escrito en las hojas. En algunas bibliotecas –por ejemplo, la del monasterio de El Escorial (siglo XVI) o la del cardenal Mazarino (siglo XVII)– puede apreciarse todavía esta disposición.

UN NUEVO IDIOMA

El esperanto, el más popular y conocido de todos los otros idiomas artificiales universales, toma su nombre del pseudónimo elegido por su inventor, Ludwik Lejzer Zamenhof (1859-1917). Este oculista de Varsovia escribió varios libros sobre la lengua que había elaborado. El primero de ellos se tituló *Lingvo Internacia de la Doktoro Esperanto*. El pseudónimo «Doctor Esperanza» pasó a confundirse con el idioma y de esta manera se ha popularizado.

EL IMPRESOR MÁS ANTIGUO

Uno de los libros más antiguos que se conocen y conservan es el *Vajrayana Sutra* [*Sutra* del trueno] –también conocido como *Sutra del diamante*–, un rollo de manuscrito que se encontró en 1907 en las Cuevas de los mil Buddhas, en Tun-huang, China, junto con otros 15.000 manuscritos. En él aparece el nombre de su editor, Wang Chieh (*circa* 868), que pasa a ser el primer impresor conocido. El libro impreso más antiguo es el *Dharani sutra* [*Sutra* de la atención], impreso en Kiongju, Corea, en el 704. Se desconoce su impresor.

PASIÓN POR LOS LIBROS

El amor por los libros puede llegar a ser un gran pecado. Un fraile español del siglo XIX, de nombre Vicente, obsesionado por la idea de poseer el único ejemplar de una rara obra –*Ordenaciones de los gloriosos Reyes de Aragón*– asesinó a varias personas para conseguir hacerse con él. Siguiendo la pista del libro, se estableció en 1834 en Barcelona y asistió a la subasta del ejemplar. No pudo conseguirlo, por lo que prendió fuego a la tienda del librero que lo compró. Pero para entonces el libro ya se había vendido. Pronto fue cambiando de manos y todos los que lo iban comprando morían asesinados misteriosamente. Finalmente, tras un registro, se encontró el volumen en la casa del fraile. En el juicio éste reconoció su delito y arguyó como defensa el hecho de que fuera un ejemplar único, lo que en su opinión justificaba plenamente los asesinatos. Cuando se le hizo saber que existía otro ejemplar en el museo de El Louvre, el fraile quedó tan desagradablemente impresionado que sufrió un desvanecimiento, lo que no le había sucedido antes, cuando se le hizo saber que se le sentenciaba a muerte.

EL LIBRO INCOMPARABLE

En el siglo XI se celebró en Sevilla una competición poética a la que asistieron grandes vates de la España árabe. Entre ellos estaba Muhammad al-Aman, un famoso poeta ciego de la ciudad de Tudela. Éste leyó algunas composiciones de su último libro y, tras escucharlas, los demás poetas allí congregados, que aguardaban su turno para recitar sus poesías, renunciaron a la posibilidad de ganar el torneo poético y rompieron sus composiciones sin recitarlas.

EL SABOR DE LAS PALABRAS

En el habla coloquial es muy frecuente el empleo de la frase humorística «Te voy a hacer comer tus palabras», en el sentido de obligar a alguien a retractarse de lo dicho. Esto fue literalmente lo que los nacional-socialistas obligaron a hacer a Erns Toller (1893-

1939), un revolucionario poeta y dramaturgo alemán que sufrió prisión por sus escritos subversivos contra el régimen nazi. Se le forzó a que comiera página por página uno de sus libros de propaganda contra el gobierno en el poder.

UN PERDÓN TARDÍO

Ananta Thuriya, un cortesano birmano del siglo XII, fue acusado de deslealtad a su rey, Narapatisithu, y condenado a muerte por decapitación. Durante su estancia en la prisión, aguardando la sentencia, Thuriya escribió un conmovedor poema, que envió al rey. Al leerlo, el monarca quedó extremadamente conmovido por la calidad de la obra y mandó que se revocara la sentencia de muerte de Ananta. Desdichadamente, cuando el emisario del soberano llegó hasta el lugar en donde el poeta se encontraba recluido, los verdugos habían hecho cumplir ya la sentencia. Sin embargo, la estructura métrica en que se escribieron los poemas se convirtió en el modelo que la poesía birmana imitaría durante siglos.

UN *BEST SELLER* MANUSCRITO

El poeta renacentista Alessandro Tassoni (1565-1635) compuso un largo poema titulado *La secchia rapita* [El cubo robado], en el que ridiculizaba a un noble italiano de gran influencia en el gobierno del reino. Por temor a las represalias del poderoso, ningún impresor quiso aceptar la obra, pese a su patente calidad. Empero, se corrió la voz sobre el contenido del poema y pronto se hicieron gran cantidad de copias manuscritas, que se vendieron muy rápidamente y a altos precios. Finalmente la obra se editó en Francia y se llevaron copias a Italia, pero para entonces el manuscrito ya era un *best seller*.

ESCRITORES MENTIROSOS

Para aseverar cualquier dato es frecuente que la gente afirme haberlo leído en un libro. Pero no debemos creer en absoluto todo lo que leemos, puesto que muchos autores cuentan grandes mentiras y escriben sobre cosas que no creen en absoluto. Como ejemplo puede servir el de Joseph Vissarionovich Stalin (1879-1953) quien fue autor de cinco libros y primer editor de la revista *Pravda*. En el primero de ellos, Stalin –quien al final de la Segunda Guerra Mundial anexionó a su país a las naciones del este de Europa– defendía vehementemente el derecho a la autodeterminación de las naciones oprimidas.

EL PRECIO DE LA MEMORIA

Según cuenta la tradición, en el siglo VIII el califa Hisham quiso poseer un poema que había leído en su juventud y del que no quedaban copias. Un poeta, de nombre Hammad, recordaba toda la composición de memoria y la declamó íntegramente delante del soberano, siendo recompensado por ello con 50.000 dinares (unos 270.000 euros) y dos esclavas, el mayor precio conocido por un recital poético.

LA MAYOR ACUMULACIÓN DE SABER

Haciendo al salvedad de posibles actualizaciones que pueden ser mejores o más completas en otras colecciones, el hecho es que la enciclopedia mayor del mundo en la actualidad es el Espasa (1905-1970), cuyo nombre completo es «Enciclopedia universal ilustrada europeo-americana».

LOS PELIGROS DEL PERFECCIONISMO

Ssu-ma Ch'ien, historiador del siglo II a. de C. y reformador del calendario chino, fue condenado a ser castrado públicamente, como castigo a una ofensa a un oficial del Emperador. Sus verdugos, en deferencia a su persona, le facilitaron los medios para que escapara, con la condición de que nunca regresase a la corte. Pero Ch'ien, que estaba finalizando la elaboración de su libro *Shih Chi* —una enciclopedia histórica del mundo conocido—, se negó a huir, porque deseaba continuar su labor en la corte y acabar adecuadamente su libro. La sentencia se llevó a cabo tal como se había ordenado y el autor, cuando sanó, pudo finalizar su obra.

EL MEJOR TESTIGO

Los hijos del trágico Sófocles (496-406 a. de C.) entablaron un pleito contra su padre, queriendo probar su senilidad y su incapacidad para administrar adecuadamente sus tierras y sus propiedades. Para conseguirlo se basaron en las excentricidades y conducta errática del anciano (casi tenía noventa años). Los jueces estaban ya decididos a incapacitar al escritor cuando éste les leyó algunos fragmentos de la obra la que trabajaba: *Oedipus at Colonus* [Edipo en Colono]. El tribunal falló a su favor, considerándo que nadie que tuviese mermadas sus facultades mentales sería capaz de escribir algo de semejante calidad.

LA LONGITUD DE LAS NOVELAS

¿Qué dimensiones pueden ser las ideales para una obra de ficción? Esto es algo sobre lo que se ha debatido mucho. En el caso de Georges Simenon (1903-1989), autor de las célebres novelas de misterio protagonizadas por el inspector Maigret, la respuesta estaba en relación con la fuerza y la resistencia físicas. El novelista consideraba estas novelas suyas como de ínfima calidad y les dedicaba un máximo de once días. Antes de iniciar la redacción de una de ellas se hacía reconocer por un médico, para asegurarse de su estado de salud. Luego se encerraba a escribir continuamente sin ver ni recibir a nadie. Independientemente del desarrollo del argumento, el onceavo día resolvía el misterio y acababa la novela, porque once días era el tiempo máximo que su cuerpo podía soportar aquel ritmo de trabajo.

EL LIBRO QUE NOMBRÓ UN CONTINENTE

Esto fue exactamente lo que sucedió en el caso de América, nombrada a partir del nombre del navegante italiano Américo Vespucio (Amerigo Vespucci, 1454-1512), pero no porque éste la descubriera o explorara. La denominación se debe a un equívoco en el título de un libro escrito por el italiano, donde describía sus cuatro viajes. El libro se tituló *Mondo novo e paesi nuovamente retrovati da Alberico Vesputio fiorentino*, esto es «El nuevo mundo y los países recientemente descubiertos [escrito] por el florentino Américo Vespucio». La lógica elipsis de «escrito» hizo ambigua la frase y condujo a que se entendiera que el navegante había sido el descubridor, cosa que Vespucio nunca afirmó. El cartógrafo Martin Waldseemüller publicó una *Cosmographiae introductio* [Introducción a la cosmografía] y, víctima de aquel equívoco, como tantos otros contemporáneos suyos, puso el nombre de Américo sobre las tierras descubiertas, bautizándolas de esta manera.

CUÁNTO SE PUEDE ESCRIBIR

A Félix Lope de Vega (1562-1635) se le aplicó la frase de «Más de cien, en horas veinticuatro, pasaron de las musas al teatro», en reconocimiento a su gran capacidad creativa, que le convirtió en uno de los más prolíficos escritores conocidos. Aparte de docenas de libros de varios temas, miles de poemas y escritos diversos, compuso más de dos mil comedias (de las que desgraciadamente sólo se conservan unas quinientas) y casi un centenar de ellas fueron elaboradas en un solo día. (La producción media de otros grandes dramaturgos de otros países –Shakespeare, Molière, Schiller– oscila entre veinte y treinta piezas, aproximadamente una comedia anual.)

EL FRUTO DE UNA PLUMA

En cierta ocasión Alexandre Dumas (1802-1870), decidió hacer recapitulación de su labor como escritor y de lo que sus libros le habían supuesto a él y a las demás personas que intervenían de manera directa o indirecta en su edición, venta, distribución, etc. Los resultados de este inventario fueron sorprendentes. Sus 400 libros habían dado trabajo durante 20 años a 692 personas, entre editores, linotipistas, impresores, etc.) y sus 35 obras teatrales habían mantenido trabajando a 1.041 personas (actores, músicos, tramoyistas). En total sus obras habían creado 2.150 puestos de trabajo durante 15 años. Tras hacer estos cálculos, Dumas siguió escribiendo durante otros 22 años.

EL ASCETA DE LAS LETRAS

Apremiado por las deudas y las obligaciones económicas, el gran autor francés Victor Hugo (1802-1885) se vio obligado a escribir una obra por encargo de un editor. Además, se comprometió a entregar el manuscrito en un tiempo muy reducido. Familia y amigos le aconsejaron que no lo intentara, pero él tenía ya en mente todo el asunto de la obra y, como afirmaba, sólo restaba el detalle de pasarlo al papel. Para evitar la tentación de dejar de escribir, hizo que se llevaran sus trajes de calle, se vistió con una toga que le cubría de la cabeza a los pies, prohibió que se le hicieron visitas y comenzó su labor, llevando una vida plenamente ascética durante el tiempo que duró la elaboración del libro. El resultado de aquellos esfuerzos literarios destinados a cumplir un encargo fue la novela *Notre-Dame de Paris* [Nuestra Señora de París].

LOS MUDOS ELOCUENTES

La ventaja de los libros sobre los hombres es que nos dan toda la sabiduría, consejo y compañía que podemos necesitar, pero nunca se convierten en nuestros enemigos, ni nos contradicen, ni nos engañan. Ésta era la opinión del rey Alfonso II de Aragón (1157-1296), quien, en cierta ocasión, afirmó lo siguiente: «Los libros son, de entre mis consejeros, los que más me agradan, porque ni el temor ni la ambición les impiden decirme lo que tengo que hacer.»

UNA BIBLIOTECA SATISFACTORIA

La mayor colección de libros que existe actualmente

en el mundo es la de la Biblioteca del Congreso (Library of Congress) de los EE.UU. Se fundó en 1880 y, en la actualidad, posee más de ciento diez millones de volúmenes de toda índole.

LA CULTURA DEL TIPÓGRAFO

Independientemente de la calidad de un autor, todo el proceso de elaboración de un libro ha de llevarse a cabo con gran rigurosidad. De otra manera, una obra puede llegar a contener gran número de errores. Los correctores de pruebas deben ser especialmente cuidadosos con el texto original. Un ejemplo de cómo puede desvirtuarse un sentido lo da la anécdota de un corrector que leyó «El arpa de Noé» en un texto y lo cambió por «El arpa de David».

ESCLAVOS ILUSTRADOS

Resulta paradójico el hecho de que durante la época del Imperio romano la mayor parte de los copistas que transcribían libros eran esclavos, que sabían leer y generalmente mejor que muchos de sus amos. Esta tradición continuó y del término *servi ad manum* se deriva la palabra 'amanuense'. Esta actividad fue llevada a cabo más tarde por los monjes en los monasterios medievales. A partir del siglo XII, copiar libros se convirtió en un oficio más y ya se encontraban copistas profesionales en las cortes de los reyes.

LOS DERECHOS DE HITLER

Durante la guerra contra la Alemania nazi los tribunales de los EE.UU. decretaron que Adolf Hitler tenía derechos internacionales de autor sobre las ediciones americanas de su libro *Mein Kampf* [Mi lucha]. Al final de la guerra su manifiesto político había acumulado más de 22.000 dólares de derechos. Como nadie se presentó a reclamarlos, el gobierno estadounidense se los apropió.

LAS DOS CENSURAS

La censura ideológica es algo lamentable, aunque podemos entender que los fanáticos de una u otra doctrina la ejerzan. Deja de tener sentido, sin embargo, cuando una obra es censurada por dos motivos antagónicos. Tal es el caso de algunos libros de Enrique Jardiel Poncela (1901-1952). Sus cuatro novelas principales (*Amor se escribe sin hache*, *¡Espérame en Siberia, vida mía!*, *Pero... ¿hubo alguna vez once mil vírgenes?* y *La «tournée» de Dios*) fueron prohibidas en 1936 por el gobierno izquierdista del Frente Popular, por considerar que eran demasiado «de derechas». Pero lo paradójico del caso es que, pocos años después, el gobierno fascista del general Franco prohibió asimismo dichas obras por considerarlas ¡demasiado izquierdistas!

EL PAPEL SAGRADO

Independientemente de lo que esté escrito en él, los chinos sienten un respeto absoluto por el papel impreso y ésta es la razón por la que en China nunca se emplea papel con escritura para envolver objetos de comercio, pues para ellos la impresión y la escritura son instituciones divinas.

EL AMOR A LA LECTURA

Hay que ser preciso en los términos que empleamos. La palabra 'bibliófil'o designa, como sabemos, a aquel al que le gustan los libros. Pero existen otros dos términos parecidos que pueden conducir a error. Uno de ellos es 'bibliómano', que se refiere al coleccionista de libros raros, considerados como objetos. Esto es: no por su contenido, sino por el valor que puedan tener como ejemplares raros o antiguos. Otro término interesante es 'bibliólata', que define al que posee muchos libros pero no los ha leído.

LA ENCUADERNACIÓN MÁS SENCILLA

Muchos textos de la antigua India reciben el nombre de *sutra*. Éste es un término sánscrito que significa 'cordón' o 'bramante'. La razón es que dichos textos estaban escritos en hojas y cortezas de árboles del mismo tamaño que se iban apartando a un lado y amontonando en su orden durante la lectura. Finalizada ésta, el montón de «hojas» se ataba con un cordel como si fuera un paquete, para mantenerlo junto y, a su vez, separado de otros montones.

TIENDAS DE LIBROS

Las librerías actuales se limitan a vender libros. Pero, según refiere Aulus Gellius (123-165) en sus *Noctes atticae* (Noches áticas) en Roma cumplían una función mucho más interesante, puesto que la librería (*taberna libraria*) era un lugar de reunión, en donde se leían libros en voz alta y se organizaban tertulias y charlas literarias.

LOS SANTOS HEREJES

El *Index librorum prohibitorum* [Índice de libros prohibidos] fue uno de los muchos compendios de los libros que la Iglesia católica consideraba nocivos y perjudiciales para la fe e incluía todas las lecturas tenidas entonces por heréticas. Lo divertido y paradójico del caso es que en estos libros aparecieron prohibidas obras de autores tales como Fray Luis de Granada, San Juan de Ávila y San Francisco de Borja.

LA FICCIÓN SALVADORA

La imaginación de un escritor puede salvar vidas. Miguel de Cervantes y su célebre obra *El ingenioso hidalgo*

Don Quijote de la Mancha nos proporcionan un ejemplo muy curioso de lo antedicho. Durante la invasión napoleónica en España, la localidad manchega de El Toboso –patria ficticia de Dulcinea– no fue arrasada como otros pueblos de la región ni tampoco sus habitantes sufrieron represión alguna, por orden expresa de los mandos militares franceses, que decidieron respetar un lugar con que sus lecturas les habían hecho encariñarse.

EL PLAGIADOR ARREPENTIDO

En una época en la que el plagio literario es un fenómeno corriente y que los que lo perpetran lo hacen de manera cínica y sin sufrir mayores inconvenientes, es curioso recordar el caso del autor japonés Akutagawa Ryunosuke (1892-1927), a quien el sentimiento de culpa por haber conseguido un gran éxito literario con una historia plagiada fue tan intenso que le indujo al suicidio. El argumento copiado fue el de su novela *Rashomon*, llevada luego al cine con gran éxito por Akira Kurosawa. (Un ejemplo opuesto digno de ser conocido es el del poeta Ramón de Campoamor (1817-1901) quien, acusado públicamente de plagiar a Victor Hugo, lo reconoció con todo cinismo y sin expresar ningún remordimiento.)

EL INFLUJO TIPOGRÁFICO

Los nombres geográficos pueden en ocasiones variar por culpa de los libros, por una errata en la transcripción de un sonido. Lo que no es tan frecuente es que la deformación sea deliberada. Es curioso el caso de Pago Pago, principal puerto del archipiélago de las islas Samoa, en el Océano Pacífico. Cuando los misioneros europeos intentaron escribir sobre las costumbres del lugar y hacer un glosario del habla local, se encontraron con que la mayor parte de las palabras contenían un sonido de 'n'. No existían tantos tipos de plomo con esa letra en las imprentas locales y se vieron en la necesidad de eliminar algunas en su libro, que luego se difundió con estos cambios. En realidad, el nombre que los nativos daban a su isla era Pango Pango.

LITERATOS RICOS

Siempre se ha considerado una injusticia el que muchos grandes escritores vivieran en la pobreza o no vieran sus esfuerzos artísticos debidamente recompensados económicamente en su momento. Pero cabe preguntarse si cierta dosis de escasez y necesidad no producen una motivación adecuada en los literatos. Como muestra de lo contrario tenemos el caso de un novelista indio, Hari Narayan Apte (1864-1919), quien, gracias a un legado de un pariente, fue inmensamente rico y pudo dedicar su tiempo a escribir a placer aquello que se le antojara, sin constreñimiento alguno. El resultado fue que Apte fundó una publicación en la que aparecían sus novelas por entregas. Pero, cuando se aburría de un argumento, dejaba la novela sin terminar y comenzaba otra distinta.

Puesto que podía permitirse perder dinero y no tenía que responder ante nadie, hizo eso en una docena de ocasiones, dejando la mitad de su obra incompleta.

EL CRÍTICO GENEROSO

El mejor elogio que se puede hacer a un escritor y a sus libros fue el que se le tributó a una obra del poeta Arquiloco (680-640 a. de C.). Lo enunció el crítico griego Alejando de Bizancio, bibliotecario de Alejandría. Cuando le preguntaron cuál de los poemas de Arquiloco consideraba el mejor, respondió sencillamente: «El más largo.»

EL LIBRO DIGITAL

En la actualidad se especula sobre si en el futuro seguiremos conservando los libros en su forma actual –hojas de papel cosidas– o si el «soporte» en que nos transmitimos la información variará en el futuro con el apogeo de las nuevas tecnologías. Es interesante lo que sugirió el famoso divulgador científico y escritor de ciencia-ficción Isaac Asimov (1920-1990). En una de sus últimas obras, *Prelude to Foundation* [Preludio a la Fundación] describe una cultura del futuro, basada en las enseñanzas de unas escrituras sagradas que reverencian en extremo. El libro que estos personajes leen continuamente es un libro «visual», en el que las líneas escritas van apareciendo automáticamente a medida que se lee. Sin embargo, este sistema no está adaptado a una pantalla convencional, sino que se halla inserto en las páginas aparentemente en blanco de un libro de forma y dimensiones tradicionales. En su opinión, aunque los avances de la técnica puedan ser imparables, nuestro respeto ancestral por el libro nos llevará a respetar simbólicamente su estructura más tradicional y ortodoxa.

LA RENUNCIA AL MUNDO

El poeta persa Farid ud-Din Attar (1119-1229), conocido por sus contemporáneos como «La perla de la religión», fue un prolífico escritor muy amado en su país. Vivió muchos años y durante los cuarenta últimos sus creencias religiosas le impulsaron hacia la introspección, la meditación y el ascetismo. Regaló todos sus bienes terrenales, abandonó sus cargos y títulos y dejó de escribir versos, pese a las protestas de su familia y amigos, arguyendo que la creación poética era un placer inmenso para él y que, por lo tanto, debía renunciar a ella para así fortalecer su espíritu.

LA NOVELA INSOLIDARIA

El influjo de los libros puede ser muy pernicioso para la sociedad y, en ocasiones, los que los escriben no llegan en absoluto a imaginar lo que sus obras de ficción pueden provocar. La novela *Coma*, del estadounidense Robin Cook (1940-), es una obra de gran éxito que trata del asesinato de pacientes que se hallan en estado de coma. De esta manera, sus órganos pueden ser vendidos por la directiva poco escrupulosa del hospital. Este argumento ponía de relieve los manejos ocultos y la corrupción de un amplio mercado negro de órganos y contaba cómo mucha gente se lucra con este tráfico. Las estadísticas nos dicen que, tras la aparición de la novela (en el año de 1978), se produjo en los EE.UU. una disminución del 60% en las donaciones de órganos para trasplantes.

LOS POETAS-ASESINOS

El genio artístico no tiene necesariamente que ver con la sensibilidad ni los sentimientos humanitarios. La imagen del artista como hombre superior es un tópico que no siempre se cumple. La dinastía mogol que gobernó la India desde los siglos XV al XVIII estuvo llena de grandes poetas, autores de composiciones exquisitas y grandes mecenas de las artes. Sin embargo, el asesinato político era su forma habitual de acceder al trono, matando a sus padres o hermanos, y sus gobiernos se caracterizaron siempre por una desmesurada crueldad.

EL MEJOR PAGO

Aunque algunos autores modernos perciben cantidades astronómicas en concepto de derechos de autor por sus libros, todavía no ha conseguido nadie llegar al nivel de retribución del historiador portugués João de Barrios (1496-1570), quien escribió las *Décadas* (un libro sobre la historia de Asia) para el rey de Portugal y recibió a cambio de su trabajo no dinero, sino tierras en los territorios de Brasil: exactamente un total de 130.000 acres.

INCULTURA EDITORIAL

Si alguien sabe de libros, se supone que son los editores. Pero esto no siempre es así. El diario *Ahora* decidió iniciar en 1936 la publicación de una «novela póstuma» de Ramón María del Valle-Inclán (1866-1936) que se había hallado entre sus papeles. En el mes de marzo apareció la primera entrega de *El trueno dorado*. Tuvieron que pasar varios meses antes de que los editores se dieran cuenta de que aquella novela «inédita» no era sino la ya famosa obra *La corte de los milagros*, aparecida en 1927. Se trataba del mismo manuscrito, al que el autor había puesto otro título, pero nadie en el diario había leído las obras de su autor.

LA TRIDECAFOBIA

'Tridecafobia' es la palabra que define al miedo irracional al número 13, asociado desde antiguo con la mala suerte. Y aunque en principio se supone que los escritores son gente culta, que está por encima de las supersticiones provocadas por la ignorancia, esto no es siempre así. El escritor judío de origen ruso Sholom Aleichem (Salomon Rabinovitz, 1859-1916) tenía pavor al 13, al que substituía siempre por 12a (número que aparece en su lápida, pues murió en un día de esa fecha). Sus manuscritos no incluían una página con ese número y obligaba por contrato a sus editores a que tampoco apareciera en sus libros impresos. Por esta razón, muchas de sus obras son hoy en día ejemplares de coleccionista.

MÁS DIFÍCIL TODAVÍA

Algunos autores disfrutan venciendo dificultades o simplemente desean asegurarse de que sus libros pasen a la posteridad y alcancen la fama, aunque sea debido a consideraciones ajenas al contenido. Tal puede ser el caso de Hucbaldo, autor francés del siglo IX, quien escribió un libro de poesía titulado *Ecloga de calvis* [Égloga de los calvos] , –oportunamente dedicada al rey Carlos, el Calvo–, en el que todas las palabras de la composición (146 versos) comenzaban con la letra 'c'.

LA MAYOR MINIATURA

La mayor parte de los objetos que conocemos adquieren una estética diferente si reducimos drásticamente su tamaño, de ahí el interés que siempre han despertado las miniaturas. El mundo de los libros no ha sido una excepción y se han elaborado ejemplares de muy pequeño tamaño. Uno de los libros más pequeños que existen es la *Lettera di Galileo a Madama Cristina di Lorena* [Carta de Galileo a la señora Cristina de Lorena], impreso en Piacenza en 1834. Está compuesto en caracteres de dos puntos sobre cuerpo 3 y sus dimensiones son 1,5 x 0,9 cms. En 1985 la Gleniffer Press de Renfrew, en Escocia, editó el cuento infantil *Old King Cole* [El viejo rey Cole] en un volumen de 1 x 1 mm en papel de 22 gramos. Es preciso una aguja para pasar las hojas.

EL CENSOR DESCUIDADO

La censura eclesiástica de libros ha hecho que se perdieran grandes obras o que se desconocieran durante siglos. Pero no todos los censores fueron igualmente celosos de sus obligaciones. Claude Morel (¿1608?-1679), un teólogo francés, doctor de la Sorbona y predicador de Corte en París durante la Contrarreforma, fue uno de esos personajes que no leían con excesiva atención los libros que juzgaban. Se le presentó para censar una traducción al francés del *Corán* y, descuidadamente, permitió su impresión con las siguientes palabras: «Puede imprimirse, por no contener nada contrario a las buenas costumbres ni a nuestra santa fe católica.»

ESCRITURA RÁPIDA

Generalmente se tiene la noción de que las abreviaturas que se emplean en los libros tienen por objeto el ahorrar tiempo al que escribe. Esta noción no es enteramente exacta. Las abreviaturas se originaron en los *escriptorium* de los monasterios medievales, en donde se copiaban obras, Y allí no había ninguna prisa. De hecho se desperdiciaba gran cantidad de tiempo adornando las letras iniciales de los párrafos con multitud de trazos superfluos y ringorrangos. La razón de las abreviaturas era principalmente la manera de hacer destacar y enmarcar simbólicamente los nombres por respeto.

LOS PELIGROS DE LA CANTIDAD

El papa León X (1475-1521) fue un gran mecenas de las artes, especialmente de la literatura, lo que llevó a que gran cantidad de libros de la época estuviesen dedicados a su persona. Se calcula que ayudó a la publicación de unas cinco mil obras. Evidentemente, no tuvo tiempo de leerlas todas. Una de ellas —dedicada a él, como las demás— era la traducción de un poeta del siglo V que abogaba ferozmente por la supresión del cristianismo.

UN ESCRITOR AFICIONADO

Contrariamente a lo que se cree, el libro que más caro se ha vendido nunca en una subasta no es una de las famosas Biblias de Gutemberg (aunque por una de ellas se llegó a pagar la suma de 2.400.000 dólares). Se trata de un manuscrito de Leonardo da Vinci (1452-

1519). Es curioso, si se considera que Leonardo ha sido siempre apreciado como pintor, escultor, inventor, músico, científico y pensador, pero nunca como escritor.

LA HISTORIA EN PIEDRA

Los anales son un género literario histórico en el que se reflejan los sucesos acaecidos en un año concreto. Esta variedad literaria es sorprendentemente antigua y ya se empleaba en Egipto. En la denominada Piedra de Palermo (que data del siglo XXIV a. de C.) se hallan inscritos los sucesos de cada año, con las fechas de los censos, los niveles de subida de las aguas del río, etc.

LAS FLORES DEL ARTE

Todos hemos disfrutado con las antologías literarias, que nos ofrecen selecciones de los mejores fragmentos de poesía o prosa. Ha de saberse que la palabra 'antología' significa literalmente 'colección de flores' (del griego *ánthos*, 'flor', y *légoo,* 'escoger'). En este sentido tiene el mismo significado que 'florilegio' (del latín *flor, -oris,* 'flor', y *legere*, 'escoger'). Otro sinónimo menos conocido de este término es 'espicilegio' (del latín *spica,* 'espiga', y *legere*, 'escoger').
CRÍTICA BREVE

Algunas novelas famosas han sido objeto de un extenso estudio y mucho se ha escrito sobre ellas. Sin embargo, la crítica literaria más breve que se conoce es la que un crítico amigo de Victor Hugo (1802-1885) hizo de *Les misérables* [Los miserables]. El autor, queriendo conocer su opinión sobre el manuscrito, se lo envió con una nota en la que se leía únicamente un signo: «?». El crítico leyó la novela y mandó su comentario. Éste decía: «!».

CAMPAÑAS PUBLICITARIAS

En uno de los diversos *Índices* de libros prohibidos por la Iglesia *(Index librorum prohibitorum)* llegaron a aparecer títulos tan importantes en la historia de las letras como el *Encomium moriae* [Elogio de la locura], de Desiderio Erasmo de Rotterdam (1466-1536), o *Amadís de Gaula*, de Garci Ordóñez de Montalvo (siglo XV), aunque esto no afectó a su divulgación. Por el contrario, entre muchos sectores del público se consideraba que si la Iglesia prohibía un libro era porque éste era particularmente interesante. Está probado que muchos editores intentaban que sus libros se incluyeran en dichos *Índices* para asegurarse así un mayor número de ventas.

LA PALABRA QUE SANA

Las escrituras reveladas y los libros santos de cualquier religión tiene como objetivo ejercer un influjo bienhechor sobre el espíritu y librarle del pecado y la tentación. Pero algunas gentes creen que este influjo puede extenderse también al cuerpo. El emperador de Abisinia, Menelik II (1844-1913) creía firmemente que el ingerir páginas de la Biblia contribuía a sanar sus enfermedades y mantuvo este hábito durante toda su vida. Desgraciadamente, ya en sus años de senectud, sufrió una enfermedad degenerativa, para curar la cual se comió íntegro todo el Libro de los Reyes, lo que provocó su muerte.

LA ESCRITORA FAMOSA

Aunque hasta hace comparativamente poco tiempo pocas mujeres se dedicaban profesionalmente a escribir, no es cierto que no se apreciasen sus obras, como algunas veces de ha dicho. Tanto es así que Prosper Mérimée (1803-1870), para popularizar sus primeras obras teatrales, decidió atribuirlas a la «actriz española» Clara Gazul, considerando que el hecho de que el autor fuera mujer contribuiría definitivamente al éxito de las piezas. Para completar el engaño, el mismo Mérimée posó para la portada del libro disfrazado de mujer, maquillado y llevando una mantilla de seda.

PAGO EN ESPECIE

Merwan (siglo VIII) fue un poeta en la corte del califa Harun al-Rashid, famoso por su supuesta intervención en los relatos del *Alif laila walaila* [Las mil y una noches]. Uno de sus cuentos gustó tanto al monarca que éste quiso ser extremadamente espléndido a la hora de recompensarle y, aparte de 5.000 monedas de oro, le entregó un magnífico caballo y diez bellas esclavas griegas.

LA CENSURA ECLESIÁSTICA

Muchas veces los representantes de la Iglesia no han sabido aceptar graciosamente las críticas que se les han hecho. La comedia *Tartuffe*, de Molière (Jean-Baptiste Poquelin, 1622-1673) –la más representada hasta la fecha de todo el teatro francés– sufrió grandes censuras por atacar a la hipocresía de muchos falsos devotos. El Arzobispo de París amenazó con excomulgar a quien la leyera o representara. Se dijo que Molière «debía arder en los fuegos del infierno» y, a su muerte, se prohibió que se le enterrara en tierra consagrada.

EL ORIGEN DE LA BIBLIA

Aunque las tradiciones hebrea y cristiana lo han declarado apócrifo, hay referencias a un antiguo libro, denominado *Libro de Enoch*, que los teósofos consideran la fuente de la que se copiaron las doctrinas de los Evangelios y aun algunas del *Antiguo Testamento*. Enoch (Henoc) fue el hijo de Caín y padre de Matusalén (*Génesis*, V) y vivió trescientos sesenta y cinco años.

UNA MENTIRA CONVINCENTE

En el diálogo *Timaeus* [Timeo], de Platón (429-347), el filósofo inventó un cuento moralista sobre un país totalmente ficticio al que dio el nombre de Atlántida. Mientras que otras ambientaciones ficticias (como el país de Liliput, de Jonathan Swift, o el pueblo de Macondo, de Gabriel García Márquez) han permanecido como tales en la imaginación de los lectores, la Atlántida de Platón ha traspasado las fronteras de la ficción y miles de científicos, aventureros y pensadores de todas las épocas han creído firmemente en su existencia y han iniciado búsquedas y desarrollado teorías geográficas y antropológicas basándose en su existencia. Es una prueba innegable del poder de la literatura sobre la vida real.

EL GENIO ENDEUDADO

Aunque hoy nadie le pretende arrebatar a Johann Gensfleisch Gutenberg (1397-1468) la gloria de sus actos y pese a que sus Biblias siguen considerándose los libros más valiosos jamás producidos, el hecho es que él no fue el editor de tales obras. Él las ideó y compuso, pero las deudas que contrajo durante todo el proceso le forzaron a vender sus imprentas y sus utensilios de trabajo. El resultado fue que las publicaron sus acreedores. A su muerte, Gutenberg seguía endeudado y considerando que su vida había sido un fracaso.

LA FE Y LA RAZÓN

Es curioso conocer cuál creen los autores que es el origen de sus ideas. En 1619 Renée Descartes (1596-1650) imaginó la idea principal que le llevaría a elaborar su famoso *Discours de la méthode pour bien conduire sa raison et chercher la verité dans les sciences* [Discurso del método para dirigir bien la razón y buscar la verdad dentro de las ciencias], en el que se daba importancia a la duda metódica y se enseñaba a desconfiar de todo lo que no se pudiese entender mediante la razón. Pero es poco conocido el hecho de que fue tanta su alegría por haber hallado este principio racionalista, que el filósofo prometió en aquel momento hacer una peregrinación a Nuestra Señora de Loreto, como acción de gracias por la idea recibida.

LIBROS QUE HACEN CIENCIA

La literatura puede ser en ocasiones la madre de la ciencia. En las novelas de Jules Verne (1828-1905) pueden encontrarse las ideas que sirvieron de base a varias invenciones. Pero en las novelas se puede hallar no sólo el germen de un invento, sino hasta una descripción detallada, completa y perfecta del mismo, como es el caso de los satélites artificiales que rodean a la Tierra y actúan como reflectores de ondas de radio, concepto descrito por el novelista de ciencia-ficción Arthur Charles Clarke (1917-) en 1948.

LA NOVELA DEMOCRÁTICA

El arte se considera una actividad anarquista e individualista por excelencia. La creación literaria, obviamente, es algo que no se puede hacer «por sufragio universal». Si embargo, en ocasiones, son los lectores los que deciden, en lugar del autor. Hastiado por la tiranía de su famoso detective Sherlock Holmes, el novelista inglés Arthur Conan Doyle (1859-1930) acabó con la vida de su personaje de ficción. Entonces, la indignación de los lectores no conoció límites y Doyle se vio literalmente desbordado por cartas en las que se le rogaba que devolviera la vida a su personaje. Aunque se negó en un principio, la presión que recibió fue tal que hubo de continuar con las aventuras de su personaje, tal y como todo el mundo deseaba.

ANACRONISMOS Y ANATOPISMOS

Los autores cometen muchas veces grandes errores en sus obras. Los errores en que interviene el tiempo (esto es, sucesos fuera de su momento), reciben el nombre de 'anacronismos'. Es famoso el ejemplo de la tragedia *Julius Cesar*, de William Shakespeare (1564-1616), en donde se escuchan las campanadas de la torre de una iglesia, siglos antes de que se inaugurara esta costumbre. Cuando el error tiene que ver con la geografía o el lugar, la palabra correcta es 'anatopismo'. (En el libro de poemas *Barrack Room Ballads* [Baladas del barracón], de Rudyard Kipling (1865-1936), se menciona una bahía entre Birmania y China (no existe tal bahía) y se sitúa en Thailandia al río Irrawaddy, que es un río de Birmania.

VANIDAD DE ARTISTA

Muchos autores tienen tan buena opinión de sí mismos que consideran que hacen gran beneficio a la humanidad con sus escritos y desean que éstos sean conocidos, llevando este impulso hasta el extremo. El poeta francés Philippe-François Fabre d'Églantine (1750-1794), acusado de traición, fue condenado a muerte durante el Terror, tras haber malempleado su oportunidad de defenderse en el proceso leyéndole al tribunal algunas de sus composiciones. De camino a la guillotina fue entregando a la gente reunida en las calles copias de sus libros de poemas.

LA LUZ DE LA NUEVA ERA

En 1933 miles de estudiantes pro-nazis quemaron 20.000 libros en la Universidad de Berlín. Joseph Goebbles (1897-1945), Ministro de Propaganda a la sazón, dijo las siguientes palabras; «Así es como se expresa el alma de los alemanes. Estas llamas marcan el final de una era e iluminan el comienzo de la siguiente.»

EL AUTOR OLVIDADO

La fama de un personaje de ficción puede a veces ser funesta para la verdadera personalidad de su creador. El suizo Albrecht Bitzius (1797-1854) alcanzó tal renombre con el personaje de Jeremias Gotthelf, que protagonizaba su novela humorística *Der Bauernspiegel* [El espejo de los campesinos], que comenzó a ser conocido con ese nombre por todo el mundo. Se vio así compelido a firmar en adelante sus siguientes libros como Gotthelf y bajo esa denominación ha pasado a las antologías.

LAS DIGNIDADES RELIGIOSAS

El otorgamiento de títulos religiosos puede ser algo peligroso, si no está basado en sólidos principios éticos. Tal es el caso del título de *hafiz*, que el islamismo otorga a todo aquel que conoce de memoria los 114 capítulos o *suras* del Corán. El más famoso de los que han ostentado dicho título ha sido Shams-ud-din Mohammed (siglo XIV), un poeta persa muy apreciado literariamente. Pero, pese a conocer a la perfección su sagrado libro, Hafiz fue un hombre disoluto, amante de las fiestas, las mujeres y los excesos de todo tipo. Además, la mayor parte de sus composiciones poéticas estaban dedicadas a celebrar el vino y los placeres de la embriaguez, en oposición rotunda a la ortodoxia de su religión.

LA VOCACIÓN LITERARIA

Gunnar Heiberg (1857-1929) fue un comediógrafo noruego, el más importante de la generación posterior a Ibsen, que vio su actividad literaria siempre coronada por el reconocimiento y el éxito. Es poco sabido, no obstante, que Heiberg no tuvo nunca especial deseo de ser escritor. Su verdadera ambición era la de ser un gran actor, pero era de rostro tan feo y expresión tan desagradable que ninguna compañía teatral quiso aceptarle en su elenco. Heiberg se dedicó entonces a escribir para estar de alguna forma conectado con el ambiente que tanto le atraía.

EL LIBRO DE TODAS LAS COSAS

La noción del libro como símbolo de la sabiduría, del conocimiento y también como alegoría de la totalidad del universo ha llevado a imaginar la posibilidad de un libro que recogiera la totalidad de las posibilidades humanas. Este concepto se ha empleado en la ficción en varias ocasiones, pero tiene su parangón real en algunos lugares de Oriente, en donde se cree en la existencia de unas tablas del destino divinas y un texto en el que cada ser individual del universo puede consultar y conocer las vicisitudes importantes y hasta muchos detalles de todas sus vidas pasadas y futuras.

LA HUELGA DE LOS CAJISTAS

Honoré de Balzac (1799-1850), creador de magníficas novelas sobre la Francia de su tiempo, era un trabajador incansable y un gran perfeccionista. Cuando le presentaban las pruebas de imprenta de sus novelas, solía rectificar y añadir mucho al texto original. Para poder hacerlo, mandaba que le enviasen las galeradas en hojas mucho mayores de lo habitual, para tener suficiente sitio para tachaduras, interpolaciones, agregados y supresiones. Esto le convirtió en la pesadilla de los tipógrafos, quienes muchas veces se negaron en rotundo a corregir las pruebas de sus libros. Como mucho aceptaban hacer «una hora de Balzac» al día y exigían cobrar el doble de sueldo por dicha labor.

EL RETRASO CULTURAL ANGLOSAJÓN

Ya en la mitad del siglo XVI existían universidades en los territorios del Nuevo Mundo dominados por la corona española y la cultura europea se enseñaba allí dc una forma sistemática. (Las primeras universidades –en México y Lima– se fundaron en el año 1551.) Los ingleses, sin embargo, tardaron otro siglo en fundar universidades en los territorios del norte (Harvard, en 1636). Y mientras que la primera imprenta castellana se instaló y comenzó a funcionar en 1539 en México (Imprenta de Juan Pablos), el primer libro impreso en los territorios sajones–el *Bay Psalm Book* [Los salmos de la bahía]– no apareció hasta el año 1640.

EL GRAN LECTOR

Aunque pueda parecer una exageración, el consejo del autor barroco Baltasar Gracián (1601-1658) –un gran intelectual, considerado como el mayor exponente del conceptismo– consistía en la lectura de un libro diario. «No hay lisonja para un ingenio como un libro nuevo cada día», afirmaba, mostrando pasión por todas las ideas y enamoramiento perpetuo de la inteligencia y la sensibilidad.

LOS SÓVIETS CONTRA UNA LETRA

En 1930 se publicó en la Unión Soviética un libro de texto para niños que incluía un poema en el que aparecía la palabra *Bog* ('Dios'), escrita con una letra mayúscula. Como la política del régimen prohibía este empleo, la edición del libro –de varios millones de ejemplares– se destruyó y fue reemplazada por una nueva edición en la que la palabra en cuestión aparecía ya siempre en minúscula.

LAS BELLAS METÁFORAS

Muchas cosas se han dicho sobre los libros y son innumerables las citas que podrían hacerse. No obstante, algunas imágenes literarias son dignas de transcribirse: Los libros son «sueños o espadas», «monumentos a las mentes desaparecidas», «interlocutores silenciosos», «faros erigidos en el gran mar del tiempo» o «jardines que se llevan en el bolsillo».

TÍTULOS ESTÚPIDOS

El arte de poner títulos a los libros es en extremo complicado, si se quiere aunar en ellos sugerencias, precisión y belleza. Muchos autores no consiguen titular adecuadamente sus obras y este defecto parece acrecentarse en el caso de libros de adoctrinamiento religioso, donde se encuentran en ocasiones verdaderos absurdos. He aquí algunos ejemplos tomados al azar: *Matches lighted at the Divine Fire* [Cerillas encendidas en el fuego divino], *The Gun of Penitence* [El cañón de la penitencia], *The Shop of Spiritual Apothecary* [La tienda del boticario espiritual], *The Bank of Faith* [El banco de la fe], *The Sixpennyworth of Divine Spirit* [Espíritu divino por valor de seis peniques] o *Some fine Biscuits baked in the Oven of Charity, carefully conserved for the Chickens of the Church, the Sparrows of the Spirit and the Sweet Swallows of Salvation* [Algunas buenas galletas hechas en el horno de la Caridad, cuidadosamente conservadas para los pollos de la Iglesia, los gorriones del Espíritu y las dulces golondrinas de la Salvación].

EL MONOTEMATISMO

A veces lo difícil no es escribir, sino tener sobre qué escribir o ser capaz de decidirse por un asunto. El poeta italiano Antonio Cornezano (siglo XV) compuso nada menos que cien sonetos con un único tema:

la belleza de los ojos de su amada. Ésta, por lo que se sabe, no llegó a leerlos todos.

ES VERDAD PORQUE ESTÁ ESCRITO

Es verdaderamente impresionante el influjo de la letra impresa sobre las mentes de la gente. Hoy en día tendemos a considerar como cierto todo aquello que leemos en un diario. Pero siglos antes la confusión podía ser aún mayor, cuando la gente ignorante no sabía diferenciar bien lo que era ficción de lo que no lo era. Como caso ejemplar tenemos *Travels into Several Remote Nations of the World by Lemuel Gulliver* [Viajes de Lemuel Gulliver a varias naciones remotas del mundo] de Jonathan Swift (1667-1745), apasionante novela de aventuras cuyo tono verosímil y realista condujo a muchos a creer que las islas de los gigantes y de los enanos que describía existían en realidad.

LA BÚSQUEDA DE PATROCINADORES

Antes de la implantación general de los derechos de autor, los escritores se veían en la necesidad de buscarse un mecenas para que subvencionara sus publicaciones. En agradecimiento, era costumbre dedicar el libro a quien lo había pagado o a quien se tenía esperanzas de que lo hiciera. Thomas Fuller (1608-1661), en su *Church History* [Historia de la Iglesia], llenó doce páginas de dedicatorias, con cientos de nombres.

UN MAL INVENTO

Ante la profusión de opiniones encomiásticas de los libros como vehículos de cultura –creemos que merecidas– no deja de ser curioso notar como no todos los pensadores comparten este entusiasmo. Montesquieu (Charles-Louis de Secondat, 1689-1755), al respecto, hizo una deliciosa observación en su obra *Lettres persannes* [Cartas persas]: «La naturaleza había sabiamente dispuesto que las tonterías de los hombres fueses pasajeras y he aquí que los libros las hacen inmortales.»

CIENCIA-FICCIÓN GRIEGA

Jules Verne (1828-1905) y Herbert George Wells (1866-1946) han sido considerados generalizadamente como los padres de la ciencia-ficción, por la temática futurista de sus escritos. Los puristas, sin embargo, mencionan a autores anteriores: el francés Cyrano de Bergerac (1619-1655), autor de *L'autre monde ou les états et empires de la lune* [El otro mundo donde están los estados e imperios de la luna], y Johann Kepler (1571-1630), quien escribió la narración *Somnium* [Sueño], en donde describía el satélite. Pero seguimos hablando de autores comparativamente modernos. En realidad, el primer creador de ciencia-ficción conocido fue el griego Luciano de Samosata (115-180), autor de *Icaromenipo* [Por encima de las nubes] y de *Vera historia* [Historia verdadera], obras cuyos protagonistas viajan a la luna con alas de pájaros o en un barco al que eleva una gran tormenta.

FICCIÓN VERÍDICA

Se ha dicho que muchas veces la realidad supera a la imaginación más desbordada. Es posible encontrar muchos ejemplos de esto, pero pueden servir los de dos de las más famosas novelas de aventuras: *Robinson Crusoe*, de Daniel Defoe (1660-1731), basada en las aventuras verdaderas del marino Alexander Selkirk, y *Tarzan of the Apes* [Tarzán de los monos] de Edgar Rice Burroughs (1875-1950), inspirada en la vida de William Milding, conde de Streatham.

VADEMECUM DEL PLAGIO

Aunque parezca el colmo del cinismo, existe un libro especializado en donde se enseña a los escritores poco escrupulosos el arte inmoral del plagio literario. Su autor fue John Trusler (1735-1820) y el libro —que indica los procedimientos de cómo ha de efectuarse el plagio (mediante cambios de orden del texto original, empleo de sinónimos, etc.)— lleva por título *The Mask of Orators; or the Manner of Disguising All Kinds of Compositions: Briefs, Sermons, Panegyrics, Funeral Orations, Dedications, Speeches, Letters, Passages, etc.* [La máscara de los oradores o la manera de disfrazar todo tipo de composiciones: resúmenes, sermones, panegíricos, oraciones fúnebres, dedicatorias, discursos, cartas, fragmentos, etc.].

EL LIBRO MÁS ODIADO

A juzgar por el número de ejemplares que se hicieron desaparecer de un mismo libro en una única quema, el libro que más inquinas ha despertado o que más pernicioso ha parecido a sus enemigos ha sido el Talmud hebreo. En 1569, en la ciudad italiana de Cremona se llegaron a quemar doce mil ejemplares de dicho libro.

LA MONEDA DE LOS GENIOS

Los grandes autores —indigentes muchas veces— tienen una moneda distinta con la que pagar sus deudas, mucho más provechosa que la habitual. Pueden pagar con la fama. Honoré de Balzac (1799-1850), siempre apremiado por acreedores pagó a algunos con una mención en sus obras. A su sastre le compensó de los trajes que le hizo asegurando en una novela que era el mejor de París. Al poco tiempo de la aparción del libro, la clientela del sastre había aumentado de manera ingente, por lo que éste se enriqueció.

LOS LIBROS PERDIDOS

Muchas grandes obras literarias se han perdido irremisiblemente, especialmente piezas teatrales, como sucedió con casi un centenar de obras de Esquilo, Eurípides o Sófocles. En tiempos más modernos y en un momento de auge cultural también se perdieron infinidad de comedias de los autores barrocos españoles. La razón era que se hacían muy pocas copias manuscritas, que se repartía entre los actores, quienes solían destruirlas una vez aprendido su papel. Como normalmente estas obras no se reponían, no había necesidad imperiosa de conservar los textos. Además, un ejemplar en malas manos podía suponer que se plagiara y se estrenara en otra ciudad bajo el nombre de otro autor. Esta situación y la falta de cuidado ha hecho que de más de 1500 comedias de Lope de Vega sólo haya llegado hasta nosotros el título.

PROYECTOS INSENSATOS

Muchas veces los autores inician obras con pocas posibilidades de éxito. El biógrafo francés Jean de Magnon (*circa* 1663) intentó emprender él solo la elaboración de una enciclopedia total del conocimiento humano, en versos de arte mayor. Pese a lo dificultoso de su proyecto, antes de morir consiguió completar diez volúmenes de su obra –*La Science universelle* [La ciencia universal]–, aunque éstos fueron considerados por los críticos como escritos en el estilo más incorrecto que se usó nunca en lengua francesa.

EL PAPA QUE FOMENTÓ LA LECTURA

El papa Gregorio VII (1020-1085) quiso centrar a los religiosos en la lectura de la Biblia, un aspecto que consideraba que se estaba descuidando demasiado.

Para conseguir sus fines no halló mejor medio que quemar la biblioteca de Apolo Palatino, para que otras lecturas no distrajeran a los religiosos de su obligación.

PAPEL DE ENVOLVER

Se han dado algunos casos afortunados de recuperación de libros perdidos. Agostino Barbosa (1590-1649), obispo de Ugento, observó en 1649 que el pescado que su criado le acababa de comprar para su cena venía envuelto en un manuscrito curioso. Se dirigió de inmediato al mercado y recuperó un libro clásico que publicó bajo el título de *De Officio Episcopi* [La labor episcopal].

EL SIGNO DEL PERRO

En las bibliotecas de los monasterios medievales estaba mal vista entre los monjes la lectura de la mayoría de los libros clásicos grecolatinos. Por ello, cuando querían solicitar uno de tales libros al bibliotecario, se rascaban la parte posterior de la oreja, como hacen los perros, puesto que así se consideraba a los infieles lectores de literatura pagana.

NÚMEROS IMPRESIONANTES

En ocasiones, las diferencias de criterios en tamaño

pueden llegar a impresionarnos. Tal sucede cuando leemos que la enciclopedia *Ku chin t'u shu chi ch'eng*, mandada recopilar por el emperador chino K'ang-shi (siglo XVIII) tenía nada menos que 5.020 volúmenes. En realidad, encuadernada en un tamaño medio (como la que existe en el British Museum), consiste únicamente en ¡setecientos volúmenes!

MONUMENTOS DE FICCIÓN

La ficción produce monumentos, no sólo en el sentido metafórico de grandes obras, sino en piedra y materiales duraderos. En la novela *Bednaya Liza* [Pobre Lisa], de Nikolai Mikhailovich Karamzin (1766-1826) la protagonista se ahoga en un pozo cuando su amante la abandona. Hoy en día, muchos rusos visitan el supuesto pozo del lugar en donde está ambientada la acción. En España tenemos ejemplos parangobales en la ruta de los molinos de Don Quijote, en la Mancha, o en el Huerto de Melibea, en la ciudad de Salamanca.

FALSOS ANÓNIMOS

Durante años se han considerado como anónimas obras literarias que no lo eran en absoluto. Ése es el caso de la *Tragicomedia de Calixto y Melibea*, más conocida como *La Celestina*. En un principio se desconocía su autor y pasaron años antes de que se averiguara que los versos de inicio de la obra eran en realidad un acróstico (en donde, si se toma la primera letra de cada verso se puede leer una palabra o frase). En ese acróstico se lee: EL BACHILLER FERNANDO DE ROIAS ACABO LA COMEDIA DE CALYSTO Y MELYVEA E FVE NASCJDO EN LA PVEVLA DE MONTALVAN.

PREDICAR CON EL EJEMPLO

Definitivamente la literatura y la vida son algo enteramente distinto. El moralista Jean-Jacques Rousseau (1712-1778) escribió una obra –*Emile*– sobre cómo debía llevarse a cabo de manera ideal la educación de los niños, protegiéndoles de la nociva influencia de la civilización. Pero ha de recordarse que Rousseau fue padre de cinco hijos y, para no tener que preocuparse de criarlos, los mandó a todos a la Inclusa.

UNA CENSURA ORIGINAL

El escritor japonés Santo Kioden (1761-1816) escribió un libro pornográfico titulado *Inozuma hioski* [Un libro de historias edificantes], que le causó muchos problemas. Las autoridades le juzgaron por indecencia y le condenaron a que estuviera cincuenta días sin escribir. Para asegurarse de que la sentencia se cumplía, le mantuvieron en arresto domiciliario pero convenientemente esposado para que no pudiera coger la pluma.

LIBROS EN MOVIMIENTO

En nuestras ciudades y pueblos podemos disfrutar hoy en día del servicio denominado «bibliobús», que no es sino una biblioteca pública itinerante, para que todos puedan consultar libros, pese a vivir en lugares remotos. En Francia existió también el «bibliofer», un vagón-biblioteca en un tren. Y en los países escandinavos existe algo igual de práctico pero mucho más original, los «bibliobarcos» o «barcos-biblioteca», que tienen acceso a puntos del litoral a los que es más difícil llegar por tierra. Este servicio existe desde los años cincuenta.

TERMINOLOGÍA SAJONA

El término inglés *best seller* (traducido en castellano como «superventas», «libros más vendidos», etc.) es bien conocido y se emplea habitualmente para referirnos a esos libros. No solemos emplear, sin embargo, otro término sajón muy útil, *steady seller*, (*steady*, 'firme') y que hace referencia a los libros de fondo, que se venden de forma regular y continuada durante años, sin que las modas les afecten.

DEBERES IMPOSIBLES

Considerando la importancia de la Biblia para los cristianos y su obligación de leerla, resulta sorprendente en que durante muchos siglos no pudieran hacerlo. De hecho, hasta el Concilio de Trento (1545-1563) no se autorizó su traducción a las lenguas vernáculas. Una versión catalana aparecida en 1478 (denominada *Biblia de Valencia,* porque fue en esa ciudad donde se imprimió) fue quemada por la Inquisición en 1498 en Barcelona. La primera versión católica completa de la Biblia en español no apareció hasta 1791.

MOCHILAS PESADAS

Muchos niños se quejan hoy en día de que deben llevar diariamente a la escuela un gran número de pesados libros en sus mochilas o carteras. Esto ha sido así también en la antigüedad. En el mundo romano existía un oficio especial, el de *capsarius* (del latín *capsa,* 'caja'). Con este término se denominaba a esclavo que solía portar la caja con los libros cuando acompañaba al niño a la escuela.

LAS DIVISIONES DE LA NOVELA

Las obras de ficción suelen dividirse según las partes de la trama argumental, los escenarios en los que tiene lugar la acción o los cambios temporales de la historia. Pero el nombre de «capítulo» con el que denominamos estas divisiones no deriva de ninguno d estos conceptos. *Capitulum* es un vocablo latino que significa 'letra capital' (mayúscula). Al inicio de cada parte el texto se iniciaba con una de estas letras, de tamaño muy grande en comparación con el resto del libro, y de ahí proviene el nombre que empleamos hoy en día.

LOS PUEBLOS BIBLIÓFAGOS

Algunas tribus practicaban el canibalismo con sus enemigos caídos en la batalla debido a su creencia de que ello les proporcionaría el valor y la habilidad cazadora de la persona a la que devoraban. Algo semejante sucedía con algunos pueblos tártaros, que comían libros, convencidos de que así adquirirían la sabiduría que encerraban sus páginas.

EL CRIMEN TIPOGRÁFICO

La biblioclastia o destrucción de libros no sólo conduce a la desaparición de obras literarias varias, puede también significar el fin de un estilo tipográfico. En el año 589, el rey godo Recaredo se convirtió al cristianismo y mandó quemar todos los textos arrianos conocidos entonces. La mayoría de estos libros estaban escritos en ulfilano, que es una variante tipográfica de letra gótica, que debe su nombre a su creador, el obispo Ulfilas (*circa* 311- 383). Con esta destrucción, el ulfilano desapareció del mundo de la caligrafía. El *Codex argenteus* [Códice de plata], en la actualidad en la Universidad de Uppsala, es el único ejemplo que queda de este estilo de escritura.

LA ESPECULACIÓN ES LIBRE

En 1650 el reverendo Thomas Thorowgood publicó en Londres un libro titulado *Jews in America* [Judíos en América], donde afirmaba que los indígenas americanos eran de origen semita, basándose en similitudes culturales y lingüísticas. Por ese motivo, los primeros colonos creyeron que los indios americanos descendían de las tribus perdidas de Israel. En 1940 apareció la obra de Chaman Lal (1903- 1972) *Hindu America, revealing the forgotten history of the imprints of Hindu and Buddhist cultures on the ancient Americas* [La América hindú, que revela la olvidada historia de las huellas de las culturas hindú y budista en las antiguas Américas], especulando sobre la posibilidad de una migración temprana de indios asiáticos al continente americano.

EL ACIERTO DEL CRÍTICO

Un crítico francés leyó la tragedia en cinco actos *Arthur de la Bretagne* [Arturo de Bretaña], de Claude Bernard (1813-1878) y, como la encontró carente de toda calidad, le aconsejó a su autor que dejara de escribir y se dedicara a algo más provechoso. Bernard, en lugar se ofenderse, consideró en serio esta sugerencia, abandonó la escritura y se convirtió en uno de los biólogos más celebrados de la historia.

LA CENSURA PLATÓNICA

El término 'platónico' se emplea muchas veces de forma generalizada en un sentido de «idealista», «ideal». Pero las doctrinas del filósofo no siempre son lo que hoy en día consideramos mejor; en el terreno de la libertad de expresión, decididamente no. Platón abogaba por una estricta censura y en su obra *República* afirmaba que a los poetas había que prescribirles el argumento y las formas de expresión, sin dejarles que se apartaran lo más mínimo de lo fijado.

EL NOMBRE DEL DICCIONARIO

Los diccionarios no se han llamado siempre así. Los griegos empleaban el término *lexicon* (de *léxis*, 'lenguaje', 'palabra'), que ha pasado al castellano culto. Otro término interesante, que se empleó durante los siglos XVII y XVIII fue 'gazofilacio' (del griego *gaza*, 'tesoro', y *phyllax*, 'guarda') o sea, el lugar donde se guardaban las palabras bellas y valiosas. El diccionario más importante del siglo XVII (precursor del *Diccionario de Autoridades* de la Real Academia Española, que aparecería en 1726) se llamó precisamente *Tesoro de la lengua* castellana, de Sebastián de Covarrubias. Éste es el origen asimismo del término 'tesauro'.

LIBROS PROHIBIDOS

El primer *Índice* de libros prohibidos por la Iglesia

que se publicó en España fue el *Catalogus librorum re-probatorum ex iudicio Academiae Lovanienses*. Se imprimió en Toledo en 1551 a instancias de Carlos I. La prohibición oficial de lectura de libros que se podían apartar de la ortodoxia cristiana data del año 325, durante el Concilio de Nicea. Estos *Índices* no desaparecieron por completo hasta 1966, cuando el papa Pablo VI los suprimió finalmente.

UNA APUESTA GANADA

En ocasiones, grandes obras literarias se han escrito por las razones más peregrinas. Tal es el caso de la famosa novela *Frankenstein* de la escritora Mary Shelley (Mary Wollstonecraft Godwin, 1979-1851), cuya elaboración se debió a una apuesta. Una noche de 1816 Percy Bysshe Shelley, George Byron, John William Polidori y Mary Godwin se encontraban reunidos en una villa cercana a Ginebra y se dedicaban a contarse cuentos de terror. Decidieron entonces escribir cada uno un relato macabro y el de Mary Godwin sobre un hombre creado con partes de otros resultó el mejor de todos.

UNA MUSA DESCONOCIDA

Varias generaciones de adolescentes y de adultos han admirado la imaginación desarrollada por Lewis Carroll (Charles Lutwidge Dodgson, 1832-1898) en la elaboración de sus obras *Alice's Adventures in Wonder-*

land [Aventuras de Alicia en el país de las maravillas] y Through the Looking Glass [A través del espejo]. Más tarde se ha sabido que sus geniales creaciones se debieron con toda probabilidad a las alucinaciones que sufrió por su enfermedad: la migraña. Sus diarios recogen la descripción de varios períodos alucinatorios, con desaparición del campo de visión, percepciones asimétricas y deformadas de los tamaños y otras percepciones anómalas de la realidad que se encuentran en sus obras.

LA SUMA PERFECCIÓN

El impresor Robert Foulis (1707-1776) intentó en cierta ocasión llevar a cabo una tarea ímproba: realizar una edición de clásicos que no tuviera ni un solo error de imprenta. Para lograrlo hizo revisar su libro por más de cinco correctores diferentes y exhibió ejemplares de muestra en varias universidades y bibliotecas, retando a los lectores a que descubrieran alguna errata en ellos, cosa que nadie pudo hacer. Cuando por fin se finalizó la impresión se descubrió que, pese a todos esos esfuerzos, el libro contenía multitud de erratas, algunas de ellas en la primera página.

CAPITALISMO NAZI

La obra de Adolf Hitler (1889-1945) *Mein Kampf* [Mi lucha] fue la obra clave para la difusión de las doctrinas nacional-socialistas del Tercer Reich. Un detalle peculiar de dicha obra es que contenía muchas opiniones antisemitas, que Hitler tomó –de entre otras fuentes y pensadores– del capitalista americano Henry Ford, quien hizo generosas contribuciones económicas a la causa del nazismo.

EL IMPULSO DESTRUCTOR

Algunas veces los autores hacen excesivo caso de las opiniones de los demás, sin considerar que éstas pueden ser totalmente erróneas. Voltaire (François-Marie Arouet, 1694-1778) se enfadó tanto con las críticas que se le hicieron a su obra *La Henriade* [La Henriada], tras leerla en una fiesta, que arrojó el manuscrito al fuego de la chimenea para destruirlo. Sólo la pronta reacción de un amigo que metió la mano en las llamas para recuperarlo consiguió salvar la obra.

LIBROS PESADOS

Hunain ibn Ishaq (809-873) fue un médico y traductor de gran fama, que se ocupó de verter al árabe la mayor parte de las obras de Galeno e Hipócrates. Al-Mamun, el gobernante islámico para el que trabajaba Ishaq, indeciso a la hora de fijar el valor que tenía aquel trabajo, decidió pagarle las traducciones a peso. Sin embargo, el número de libros traducidos fue tan grande que el gobernante, para pagar su deuda, casi se arruinó.

UNA DESCRIPCIÓN MUY PELIGROSA

El diálogo *Phaedon*, de Platón (429-347) describe la felicidad que los hombres conseguirán en la siguiente vida. Y lo hace de una manera tan magistral que, tras leerlo, el filósofo Cleombroto de Épiro (siglo IV a. de C.) se arrojó al mar desde un acantilado con ánimo de suicidarse para poder gozar cuanto antes todo aquello que Platón prometía.

LA UTILIDAD DE LA CULTURA

El astrónomo Regiomontanus (Johan Müller, 1436-1475) predijo con precisión un eclipse lunar en su libro *Ephemérides.* Cristóbal Colón conocía este libro y cuando los indios jamaicanos se negaron a proporcionarle alimentos a él y a sus hombres, el navegante hizo creer a los indígenas que los dioses estaban enojados con ellos y que harían desaparecer la luna. El eclipse pareció dar total veracidad a las palabras de Colón y los indios se sometieron plenamente a los deseos del navegante. Éste es un ejemplo divertido sobre el empleo que se puede hacer de las lecturas.

UNA PROFESIÓN AFORTUNADA

Jules Renard (1864-1910) hizo en cierta ocasión una apreciación sobre los libros que puede servir de consuelo a muchos autores frustrados: «Escribir libros –dijo– es la única profesión en la que si no ganas dinero nadie considera que estés haciendo el ridículo.

UN HOMBRE Y CIEN PERSONAJES

Muchos veces un personaje de ficción se ha creado a partir de la personalidad de un hombre verdadero. Lo que no es tan común es que un sólo hombre inspire muchos personajes a varios autores. Éste es, no obstante, el caso del francés François-Eugène Vidocq (1775-1857), fundador de la *Súretè* y autor del primer libro sobre crímenes escrito por un detective. En su curiosa personalidad se basó Edgar Allan Poe para su personaje de Dupin y Agatha Christie para Hercule Poirot. Además Honoré de Balzac, Alexandre Dumas y Victor Hugo le utilizaron también en varias de sus novelas.

EL RAPTO PROMOCIONAL

Estando en París el poeta chileno Vicente Huidobro (1893-1948) escribió en 1919 un pequeño libro titulado *Finis Britannie* [El fin de Inglaterra], en el que predecía la inmediata caída del Imperio británico. Parece ser que la obra no despertó ningún interés en lectores ni críticos, por lo que el poeta decidió atraer la atención de las gentes hacia ella. Lo que hizo fue desaparecer durante algunos días hasta que la prensa comenzó a ocuparse de él —Huidobro pertenecía al Cuerpo diplomático de su país— y los cuerpos de seguridad comenzaron a buscarle. Días después el escritor apareció de nuevo en su residencia e informó a la policía de que algunos Boy Scouts ingleses le habían raptado. Le habían atado, torturado y obligado a dar vivas al Imperio británico. Aunque más tarde se demostró que esta historia no contenía ninguna verdad, el caso es que el libro de Huidobro comenzó a venderse por miles de ejemplares.

EL NOMBRE DEL ESCRITOR

Suelen ser los escritores los que habitualmente dan nombre a sus libros. Alguna vez ha sucedido lo contrario, como en el caso de un geógrafo romano del siglo VI, autor de la obra *Topographia Christiana,* del que no se conoce su verdadero nombre. Para demostrar los postulados de su libro –quería probar que la tierra era plana–, el geógrafo viajó a la India y pasó a ser conocido a partir de ese momento como Cosmas Indicopleustes ('el que navegó hacia la India').

INFLUJO TARDÍO

El libro que probablemente influyó más en la política, la mentalidad y la forma de vida de los siglos XVI y XVII tardó veinte años en publicarse. Se trata de *Il principe* [El príncipe], de Niccolo Machiavelli (1469-1527), en el que se dan las pautas de comportamiento de lo que pasó a considerarse el «hombre ideal» de su tiempo. El autor, en el momento de la aparición del libro llevaba ya cinco años muerto.

LOS POETAS MÁS LEÍDOS

Una encuesta mundial sobre quién ha sido el poeta de todos los tiempos cuyas obras han tenido mayor número de lectores proporcionaría probablemente los nombres de Shakespeare, Dante, Homero, Petrarca o Byron. Pero en esta lista habría que reservar un lugar preferente al dirigente chino Mao Zedong (1893-1976), cuyos poemas han sido lectura obligatoria durante muchos años para millones y millones de personas.

UN COMPROMISO EDITORIAL

Uno de los libros que en su momento cambiaron al mundo –*Das Kapital* [El capital], de Karl Marx (1818-1883)– estuvo a punto de no escribirse...o de ser escrito por otra persona. Al parecer, la editorial alemana que lo publicó le había encargado su redacción a Marx, pero éste se demoró bastante en la entrega. El editor le remitió a Londres una carta en la que le decía lo siguiente: «Apreciado doctor: Lleva usted dieciocho meses de retraso con el manuscrito de *Das Kapital*, que accedió a escribir para nosotros. Si no lo recibimos en el plazo de seis meses nos veremos obligados a encargar su redacción a otro autor.»

CULTURA PERDIDA

En el año 987 el autor árabe Ibn Abi Yakub al-

Nadim escribió una obra titulada *Al-Fihrist* [El catálogo], una bibliografía crítica de todos los libro árabes sobre diversas esferas de conocimiento elaborados hasta el momento, con las biografías detalladas de sus autores. De aquella inmensa lista hoy en día conocemos únicamente uno o dos autores de cada mil. El resto de ellos y la totalidad de sus obras han desaparecido.

LA VARIEDAD INFINITA

En los libros podemos encontrar los temas más diversos que se puedan concebir: de ahí su belleza y su grandeza. Existen libros sobre lo nimio y sobre lo inmenso, sobre lo abyecto y sobre lo sublime. Una de las obras de fama que merece recordarse por su originalidad es la del inglés Thomas de Quincey (1785-1859): *On Murder, Considered as One of the Fine Arts* [El asesinato considerado como una de las Bellas Artes].

EL MEJOR DESPACHO

Muchos escritores tienen su especial preferencia a la hora de redactar sus obras. Algunos necesitan de un gran despacho, otros prefieren escribir en sitios públicos. Hay quien precisa de vestimentas especiales y hay quien se inspira con el café o los estupefacientes. Algunos precisan del bullicio de la ciudad y otros prefieren la tranquilidad del campo. El estadista indio Jawaharlal Nehru (1889-1964), autor de numerosos escritos, los redactó todos en sus numerosos períodos de reclusión en las cárceles inglesas. De hecho, llegó a afirmar que la prisión era el lugar idóneo para escribir y la recomendaba para todo aquel que quisiera dedicarse a las letras y a la política.

INCENTIVOS LABORALES

En la Edad Media se llevaba a cabo en los monasterios la copia de los antiguos manuscritos, lo que constituía una labor árdua y frecuentemente aburrida. Para aumentar de alguna manera la diligencia y entusiasmo de los copistas, los superiores les aseguraban que cada línea copiada haría que al monje en cuestión se le perdonara un pecado.

MULTAS A LA IMAGINACIÓN

Al autor griego Frínico (540-470) se le considera como el padre de la tragedia, pues fue el primero en presentar un personaje separado del coro y diferente del corifeo en el juego escénico. Escribió una obra de gran éxito sobre la toma de Mileto y la batalla entre los griegos y los persas. Pero, en aquella época el teatro debía tratar únicamente de los mitos aceptados de los antiguos griegos. Por el hecho de tratar de un tema político, la obra se consideró subversiva, se prohibió y el autor hubo de pagar 1000 dracmas de multa.

LOS INICIOS DEL RECICLAJE

En la Edad Media el material para escribir era caro y difícil de conseguir. Por ello se utilizaban viejos códices, que eran raspados y vueltos a pulir. Aunque el criterio era emplear aquellos que se consideraban de poca calidad o incompletos, dentro de esta categoría se incluían también obras clásicas grecolatinas, por lo que quizá obras hoy perdidas de Aristóteles o Cicerón fueron raspadas por monjes ignorantes para escribir sobre ellas cuántos sacos de patatas o de cebollas había en las despensas de los monasterios.

EL SECRETO DEL ESCRITOR

Plinio el Viejo (Gaius Plinius Secundus, 23-79) escribió una enciclopedia —la *Naturae historiarum libri* [Libro de historia natural]— en donde registraba unas 20.000 entradas sobre todo tipo de temas y reseñaba más de 2.000 libros anteriores. Su secreto para conseguir llevar a cabo tan magna obra era sencillo: se había acostumbrado desde joven a dormir un máximo de tres horas cada noche, lo cual le proporcionaba mucho tiempo de silencio y tranquilidad para llevar a cabo su labor literaria.

UN NOMBRE COMPARTIDO

Es frecuente que un autor emplee durante su carrera varios nombres. No lo es tanto que un único nombre sirva para dos autores. El pseudónimo de Joseph Henry Rosny esconde no a un escritor, sino a dos: los hermanos Joseph Henri-Honoré Boëx (1856-1940) y Séraphin-Justin-François Boëx (1859-1948), autores de novelas y de varios libros científicos.

EL DIOS DE LAS LETRAS

Un pueblo puede llegar a mostrar enorme agradecimiento a los patrocinadores de la cultura. En Japón, Sugawara Michizane (845-903), mecenas de literatos, llegó a ser tan venerado que se le pasó a considerar como una deidad protectora de las letras. El día de su aniversario es una fiesta nacional.

UNA EDICIÓN MUY CARA

En el siglo XV, el emperador Yung Lo, de la dinastía Ming, mandó iniciar la redacción de una inmensa enciclopedia en la que trabajaron miles de autores y que tardaron veintidós años en finalizar. Cuando estuvo acabada, el emperador consideró que el coste de publicarla sería excesivamente elevado, por lo que abandonó totalmente el proyecto, dejando inédita la obra.

LIBROS DE PIEDRA

Según la interpretación de los teósofos, los grandes

edificios religiosos de la edad media son en realidad libros en piedra que enseñan la ciencia de la alquimia. Esta interpretación del «arte gótico» presupone la existencia de un Gran Lenguaje original. El escritor ocultista Fulcanelli (Eugène Canseliet, 1899-1952) explicó esta teoría en su famoso libro *Le mystère des cathédrales et l'interprétation ésotérique des symboles hermétiques du grand oeuvre* [El misterio de las catedrales y la interpretación esotérica de los símbolos herméticos de la Gran Obra].

LA FUENTE DE LA VANIDAD

Los libros han sido siempre una fuente de vanidad. Es sabido que en Roma se consideraba tan importante el haber redactado un libro que, espoleados por la gloria que ello significaba, la mayor parte de los autores pagaban sus propias ediciones y regalaban los ejemplares, para hacerse así famosos.

UNA LÓGICA TERRIBLE

El califa Omar (siglo VII) mandó quemar los 400.000 manuscritos de la biblioteca de los Ptolomeos en Alejandría, para alimentar las calderas de los baños públicos. Para hacerlo, basó su acción en un razonamiento aplastante. Los libros pueden dividirse en dos clases: los que están de acuerdo con el Corán y los que no lo están. Los primeros deben destruirse por ser superfluos; y los segundos, por ser perniciosos.

AMIGOS MUERTOS

Los libros nos transmiten los pensamientos y fantasías de personas que ya no están con nosotros. Esto es maravilloso, pero también triste. Jerome David Salinger (1919-), el famoso autor estadounidense de *The Catcher on the Rye* [El guardián entre el centeno], expresó de forma magnífica esta idea: «Los libros que realmente me gustan son los que, cuando acabas de leerlos, deseas que su autor fuera amigo tuyo, para poderle llamar por teléfono siempre que quisieras.»

Enrique Gallud Jardiel
CHUNGAS Y PITORREOS TEATRALES
Comedietas históricas

Enrique Gallud Jardiel
Amar haciendo el ridículo

Enrique Gallud Jardiel
El Faraón en la ruina
Parodia bíblica

ENRIQUE GALLUD JARDIEL
Una parodia del Descubrimiento
VIDA ESCUETA Y SUCINTA DE COLÓN

ENRIQUE GALLUD JARDIEL
EL TEATRO ES UN ASCO
Y OTRAS COMEDIAS CÓMICAS

UN MILLÓN DE HORAS
UN MONÓLOGO CÓMICO SOBRE EL MUNDO DEL TEATRO
ENRIQUE GALLUD JARDIEL

RIPIOS BIOGRÁFICOS Y SATÍRICOS
ENRIQUE GALLUD JARDIEL

Enrique Gallud Jardiel
INVENTARIO BURLESCO DE LOS MALES DE ESPAÑA

Enrique Gallud Jardiel
TEXTUPIDECES
Literatura cómica

ENTREVISTAS
DE MENTIRA
ENRIQUE GALLUD JARDIEL

Gentes
de mal
vivir
Biografías
cómicas
Enrique Gallud Jardiel

ENRIQUE GALLUD JARDIEL
HIPOPÓTAMOS
DE LA LITERATURA
Guía de autores insufribles

La historia
contada
a saltos
Enrique Gallud Jardiel

HUMOR DE
CINE
Enrique Gallud Jardiel

Enrique
Gallud Jardiel
Lecturas
de humor
absurdo

enrique gallud jardiel
parodias
la mar
de
simpáticas

ENRIQUE GALLUD JARDIEL
UNA PILA
DE CUENTOS
CÓMICOS

Enrique
Gallud
Jardiel
PROSAS
EN
VERSO

www.ingramcontent.com/pod-product-compliance
Lightning Source LLC
Chambersburg PA
CBHW051455250726
48655CB00001B/416